Elgin Helen Jakisch

Unternehmensbibliotheken – Digitale Services

Praxiswissen

Elgin Helen Jakisch

Unternehmensbibliotheken – Digitale Services

DE GRUYTER
SAUR

ISBN 978-3-11-033401-2
e-ISBN (PDF) 978-3-11-033412-8
e-ISBN (EPUB) 978-3-11-039603-4
ISSN 2193-0198

Library of Congress Cataloging-in-Publication Data
A CIP catalog record for this book has been applied for at the Library of Congress.

Bibliografische Information der Deutschen Nationalbibliothek
Die Deutsche Nationalbibliothek verzeichnet diese Publikation in der Deutschen Nationalbibliografie; detaillierte bibliografische Daten sind im Internet über http://dnb.dnb.de abrufbar.

Zeichnungen: Angela Holzmann, aha Design, München; Oliver Köjer, Duisburg
Satz: Medien Profis GmbH, Leipzig
Druck und Bindung: Strauss GmbH, Mörlenbach
♾ Gedruckt auf säurefreiem Papier
Printed in Germany

www.degruyter.com

Vorwort

Dieses Buch verspricht Praxishilfen zu „digitalen Services“ von Unternehmensbibliotheken und erläutert, wie die Versorgung des Unternehmens mit online publizierter Fachinformation aus dem Internet gestaltet werden kann. Das Internet ist dabei die Plattform, auf der die Fachinformationen produziert, vertrieben und genutzt werden. Im Verlauf des Buches versuchen wir, uns verschiedenen Handlungsfeldern zu nähern: den digitalen Medien selbst, ihren webbasierten Formaten, ihren Konditionen sowie den Nutzungsmöglichkeiten innerhalb des Unternehmens.

Unternehmensbibliotheken sind **Serviceabteilungen**. Ausrichtung, Ausstattung und Medienangebot können höchst unterschiedlich sein. Die Ausgestaltung der digitalen Services ist in jeder Unternehmensbibliothek verschieden. Die Gründe liegen in der eigenen Unternehmensgröße und -struktur, sowie dem internen Umgang mit Fachinformationen. Die Bibliothek ist eine Abteilung von vielen, die im Rahmen des eigenen Unternehmens, der eigenen Firma, der Kanzlei, des Büros einer Stiftung u. ä. Dienstleistungen sehr eng am Bedürfnis der jeweiligen Organisation erbringt. So scheint es fast schwierig, eine Vergleichbarkeit der Services zwischen verschiedenen Unternehmen herzustellen. Es ist letztlich die Einordnung in eine privatwirtschaftliche Organisation und die Vielfältigkeit des Aufgabenspektrums, was Unternehmensbibliotheken miteinander verbindet. Auf dieser Grundlage habe ich versucht, das Buch aufzubauen.

Dabei ist es genauso wichtig, die **Vernetzung** der Abteilung in der Organisation zu kennen und die Verbindung zu strategisch benachbarten Abteilungen zu pflegen, wie mit der IT für die Einbindung internetbasierter Services, oder dem Einkauf für die Verhandlung von Lizenzen. Die Digitalisierung verändert eben nicht nur die Bibliothek, sondern bildet neue interne Schnittstellen. Neben den rein bibliothekarischen Themen werden deshalb Aspekte angesprochen, die sich aus der Kooperation mit Schnittstellen innerhalb einer Organisation ergeben können. Mit der **Automatisierung** von Medien und Prozessen können viele gewohnte bibliothekarische Aufgaben wegfallen. Neue Tätigkeiten entstehen, für die man erst sogenannte „Skills“ entwickeln muss. Auch ist das Managen von IT-gestützten Projekten notwendig, wenn man etwas auf „online“ umstellen will. Deshalb werden allgemeine Methoden und Beispiele aus dem Projektmanagement praxisnah erläutert.

Digitale Services verlangen eine verstärkte **Kommunikation über Information**, weil die digitale Welt komplex ist und sich nicht immer von selbst erklärt. Regelmäßiger und direkter Austausch mit den internen Kunden ist wichtig, um abzufragen, was diese benötigen, wo sie Unterstützung brauchen und wie sie sich auf den Plattformen zurechtfinden. Wird ein Service virtueller, verändert sich auch die Sichtbarkeit und das Identifikationspotential der Unternehmensbibliothek.

Die Mitarbeiter einer Unternehmensbibliothek müssen sich immer wieder der Herausforderung stellen, sich **strategischen Veränderungen** operativ anzupassen. Das erfordert, flexibel und kreativ zu sein. Nicht immer sind die Ressourcen ausreichend, alles das zu tun, was aus bibliothekarischer Sicht sinnvoll erscheinen mag, sondern nur, was gerade pragmatisch erforderlich ist. Für das eine Unternehmen kann ein Bibliothekskatalog sehr sinnvoll sein, für das andere muss man die Überlegung anstellen, diesen Service von einem externen Provider erbringen zu lassen. Diese Fragen kann der Ratgeber nicht beantworten. Vielmehr soll er anregen, darüber nachzudenken, was jeweils im eigenen Zusammenhang sinnvoll sein kann. Vor allem Unternehmensbibliotheken aus den Branchen, die man zu den wissensintensiven STM-Bereichen zählen kann, haben in den letzten zehn Jahren einen sehr starken digitalen Wandel ihrer Services vollzogen. Das lag vor allem an der raschen Entwicklung digitaler Verlagsangebote. Dabei ist ein Spektrum von zusätzlichen Services entwickelt worden, um auf die veränderten Bedingungen bei den Kunden einzugehen. Die technologische Entwicklung geht weiter und die mobile Kommunikation klopft an die Tür.

Unternehmensbibliotheken können in der Praxis aufgrund ihrer vielfältigen Aufgaben verschiedene Bezeichnungen haben, beispielsweise Literaturservice, Rechercheabteilung, Information und Dokumentation, Bibliothek und Archiv – um nur einige zu nennen. In allen Kapiteln wird deshalb der Sammelbegriff **„Unternehmensbibliothek“** verwendet. Die Beziehungen zu den Empfängern der Dienstleistung spielen ebenfalls eine wichtige Rolle. Damit der Servicegedanke und die unternehmerische Ausrichtung besser zum Ausdruck kommen, werde ich dabei nicht von Benutzern oder Lesern, sondern von **internen Kunden** sprechen, auch wenn es sich dabei immer um Kollegen handelt. Dass man den Kunden und die Kooperation mit ihm im Blick behält, zieht sich wie ein roter Faden durch das ganze Buch.

Unternehmensbibliotheken – wo sind sie zugeordnet und was tun Ihre Mitarbeiter? Eine Frage, die ich mir ganz zu Anfang des Buches und während meiner Recherchen immer wieder gestellt habe. Es kann sein, dass diese Dienstleistung sowohl von **verschiedenen Berufsgruppen** aus dem ABD-Bereich erbracht wird, als auch von fachfremden Mitarbeitern und Quereinsteigern, die Literaturservices neben anderen Aufgaben organisieren. Auch an diese Kollegen wendet sich das Buch, in dem versucht wird, viele Fachbegriffe aus dem bibliothekarischen Kontext verständlich zu erklären. Für alle in diesem Umfeld tätigen Mitarbeiter wird im Buch die Bezeichnung **„Unternehmensbibliothekar“** oder **„Information Professional“** verwendet, auch wenn die Mehrzahl der Beschäftigten vermutlich weiblich sein dürfte.

Kapitel 1 beginnt mit einer Anregung, sich über sein Umfeld, also das Unternehmen selbst und die Verbindungen mit anderen Abteilungen Gedanken zu machen. Hierbei wird ein besonderes Augenmerk auf kommunikative Maßnahmen für die Zusammenarbeit mit den internen Kunden gelegt.

Dann untersuchen wir das Internet und seine Auswirkungen auf die Arbeitswelt. Die sich daraus ergebenden Herausforderungen für Unternehmensbibliothekare sind Gegenstand von **Kapitel 2**. Die Veränderungen werden in den Branchen sicherlich unterschiedlich ausgeprägt sein, aber zumindest jeden Arbeitsplatz nachhaltig beeinflusst haben. Copyright ist eines der neuen, wichtigen Themenfelder.

Einen methodischen Ausflug wagen wir mit **Kapitel 3** ins Projektmanagement. Vieles muss im Alltag schnell gehen. Oft bestimmt eine Mischung aus vorhandener Erfahrung und gesundem Menschenverstand die Durchführung von Maßnahmen. Die Implementierung digitaler Services wird oft als Projekt betrachtet. Ein paar einfache Methoden können helfen, Struktur in die eigenen Projekte zu bringen.

Kapitel 4, 5 und **6** widmen sich ganz konkret den Eigenschaften und Konditionen elektronischer Ressourcen, Szenarien für den Medieneinkauf online, der Lieferantenauswahl sowie dem Aufbau eines Serviceportals für die Unternehmensbibliothek im Intranet.

Kapitel 7 beleuchtet das Berufsbild und fasst aus den vorigen Kapiteln zusammen, welche Kompetenzen und Fähigkeiten man in diesem besonderen Arbeitsumfeld mitbringen muss.

Die Auswahl der Schwerpunkte der einzelnen Kapitel beruht auf eigenen Erfahrungen, auf Hinweisen in der Literatur, auf Erfahrungsberichten von Tagungen und dem Austausch mit Kollegen. Ziel war es, grundlegende Services der digitalen Informationsversorgung zu erläutern. Darüber hinausgehende Dienstleistungen können in den Branchen sicher unterschiedlich erbracht werden. Die Themen der einzelnen

Kapitel können für sich stehen. Das Buch muss nicht von vorne bis hinten, sondern kann auch quer gelesen werden. Es handelt sich um Angebote, sich mit den verschiedenen Themenfeldern näher zu beschäftigten und sie mit dem eigenen Umfeld in Beziehung zu setzen. Wie das Internet und die Welt der elektronischen Medien, so sind auch die Themen miteinander vernetzt. Deshalb finden Sie hier und da in Klammern gesetzte Hinweise auf weiterführende Informationen in anderen Kapiteln.

FAQs (Frequently Asked Questions) innerhalb der Kapitel sollen dabei helfen, den eigenen Kontext zu bestimmten Themen zu reflektieren. **Checklisten** bieten konkrete Arbeitsschritte für die Umsetzung an. Beachten Sie auch die Verwendung der **Bildsymbole** (Marginalien), die Sie grafisch durch das Buch begleiten werden. Hin und wieder wurden Begriffe innerhalb eines Textes zur Hervorhebung fett gedruckt. Am Ende eines jeden Kapitels finden Sie **Literaturhinweise**, die zur Recherche für das jeweilige Kapitel herangezogen wurden. Am Ende des Buches finden Sie ein **Abkürzungsverzeichnis** sowie eine Liste mit nützlichen **Internetlinks**, die aus Hinweisen aus dem Buch stammen. Stand ist hier der letztmalige Abruf zum Zeitpunkt der Fertigstellung des Buches, von daher berücksichtigen Sie bitte, dass sich Internetadressen im Laufe der Zeit auch ändern können und erneut recherchiert werden müssen. Ein **Sachregister** am Ende kann Ihnen helfen, schnell Zugang zu bestimmten Themen zu finden.

Inhalt

Vorwort — V

Verwendete Marginalien — XII

1 Die Bibliothek im Unternehmenskontext — 1
1.1 Das Unternehmen: eine heterogene Organisation — 1
1.1.1 Auftrag und Struktur — 1
1.1.2 Management und Mitarbeiter — 2
1.1.3 Mitarbeiter der Unternehmensbibliothek — 3
1.2 Positionierung der Unternehmensbibliothek — 4
1.2.1 Positionierung beim Management und innerhalb der Organisation — 4
1.2.2 Positionierung beim internen Kunden — 5
1.2.3 Positionierung über die Kernaufgaben — 6
1.2.4 Interne Schnittstellen — 8
1.3 Kommunikation mit den internen Kunden — 10
1.3.1 Bauen Sie Kommunikationskanäle auf — 11
1.3.2 Nehmen Sie an Abteilungsbesprechungen teil — 12
1.3.3 Gründen Sie einen „Runden Tisch" — 13
1.3.4 Veranstalten Sie einen „Tag der offenen Tür" — 14
1.3.5 Konzipieren Sie eigene Informationsmaterialien — 15
1.3.6 Nutzen Sie Social Media? — 17

2 Das Internet und die Arbeitswelt — 21
2.1 Aspekte der Automatisierung in Unternehmen — 21
2.2 Digitale Informationsangebote und Bibliotheksservices — 22
2.2.1 Produzenten von digitaler Fachinformation — 22
2.2.2 Herausforderungen für digitale Unternehmensbibliotheken — 23
2.2.3 Folgen für die physische Bibliothek? — 25
2.3 Verhalten und Erwartungen der Kunden — 26
2.3.1 Selbstbedienung: Suche und Zugriff auf Informationen — 26
2.3.2 Herausforderungen für Unternehmensbibliotheken — 28
2.4 Umgang mit Copyright — 29
2.4.1 Wozu Urheberrechte gut sind — 29
2.4.2 Wer erlaubt, was gefällt? — 30
2.4.3 Was bedeutet Open Access oder Creative Commons? — 31
2.4.4 Rolle der Unternehmensbibliothek — 32
2.4.5 Kommunikation über Urheber- und Nutzungsrechte — 33

3 Projektmanagement digitaler Services — 35
3.1 Projekte mit internen Partnern: IT-Abteilung — 36
3.1.1 Projektrahmen und Vorarbeit — 36
3.1.2 Pflichtenhefte, Anforderungskataloge — 38
3.1.3 Tests — 39
3.1.4 Umgang mit Tücken und Fallstricken — 39
3.1.5 Rollout und Evaluation — 40
3.2 Projekte mit externen Partnern: Outsourcing von Dienstleistungen — 41
3.2.1 Warum Outsourcing? — 41
3.2.2 Was externe Dienstleister bieten können — 42

3.2.3 Was vor der Wahl eines Dienstleisters zu bedenken ist — **43**
3.2.4 Projektrahmen und Auswahlprozess — **44**
3.2.5 Was bei Verträgen und Rahmenbedingungen zu beachten ist — **45**
3.2.6 Evaluation — **46**

4 Elektronische Medien selbst managen — 48
4.1 Lieferanten: Verlage und ihre Publikationen — **48**
4.1.1 Recherchen über Angebote — **48**
4.1.2 Kontaktaufnahme und Beziehungspflege — **50**
4.2 Elektronische Ressourcen: Begriffe und technische Details — **51**
4.2.1 E-Journals und elektronische Inhaltsverzeichnisse — **51**
4.2.2 E-Books — **53**
4.2.3 Nachschlagewerke online — **54**
4.2.4 Verlagsplattformen und typische Zugriffsarten für elektronische Medien — **54**
4.3 Lizenzen verhandeln — **56**
4.3.1 Die gängigen Lizenzmodelle — **56**
4.3.2 Was Lizenzverträge beinhalten — **58**
4.3.3 Verhandlung vor- und nachbereiten — **60**
4.4 Katalogisierung und Benutzung elektronischer Ressourcen — **61**
4.4.1 Kriterien erfassen und darstellen — **61**
4.4.2 Informationen für die Kunden — **62**
4.4.3 Diagnose von Zugriffsproblemen — **64**
4.5 Portfolio weiterentwickeln — **66**
4.5.1 Information-Life-Cycle überwachen — **66**
4.5.2 Statistiken auswerten — **66**
4.5.3 Kundenfeedback einholen — **67**
4.5.4 Feedback ans Management — **68**

5 E-Procurement-Lösungen für Literaturbestellungen — 69
5.1 Document-Delivery-Services — **69**
5.1.1 Analyse von Serviceangeboten — **69**
5.1.2 Umgang der Lieferanten mit Copyright — **71**
5.1.3 Lieferantenauswahl — **71**
5.1.4 Bewertung des Services — **73**
5.2 Bucheinkaufsportale — **73**
5.2.1 Verschiedene Modelle für den Bucheinkauf online — **73**
5.2.2 Bestellung über den Online-Katalog — **75**
5.2.3 Der Online-Katalog im automatisierten Einkaufsworkflow — **76**
5.2.4 Der Online-Katalog als Literaturverwaltungsprogramm — **77**
5.2.5 Der Online-Katalog als OPAC für den internen Kunden — **78**

6 Das Intranet – ein virtueller Platz für digitale Serviceangebote — 80
6.1 Das Serviceportal der Unternehmensbibliothek — **80**
6.1.1 Überlegungen zur Konzeption — **80**
6.1.2 Überlegungen zu den Inhalten — **82**
6.2 Gestaltung und Layout — **84**
6.2.1 Technische Voraussetzungen — **84**
6.2.2 Struktur der Inhalte — **86**
6.2.3 Pflege, Statistiken und Weiterentwicklung — **87**
6.3 Platzierung im Intranet — **88**

6.4 Marketing für das Serviceportal — 89

7 In eigener Sache: das Berufsbild „Unternehmensbibliothekar für digitale Services" — 93
7.1 Der Job-Titel und was dahinter stecken könnte — 93
7.2 Erforderliche Kompetenzen — 95
7.3 Evaluierung der eigenen Wirksamkeit — 97
7.4 Qualifikationsmöglichkeiten oder „learning on the job"? — 98
7.5 Fazit — 100

8 Nachwort — 102

9 Abkürzungsverzeichnis — 103

10 Weiterführende Internetlinks — 105

11 Sachwortregister — 108

Über die Autorin — 113

Verwendete Marginalien

Zum besseren Verständnis der Inhalte werden im Buch unterschiedliche Bildsymbole (Marginalien) am Seitenrand des Textes verwendet. Diese haben folgende Bedeutung:

Achtung:
Hier steht ein besonders wichtiger Hinweis.

Billardkugel:
Dieses Symbol visualisiert Hinweise auf Strategien.

Checkliste:
Mit Checklisten erhalten Sie Arbeitshilfen für eine schrittweise Umsetzung.

Definition:
Hier wird ein Begriff näher erläutert.

Dialog:
Dieses Bild symbolisiert Kommunikationsbedarf.

FAQ:
Hier finden Sie vertiefende Fragen zu einem Thema, sowie zur Reflexion des eigenen Kontextes.

Paragraphenzeichen:
Dieses Symbol weist auf rechtliche Vorschriften und Gesetze hin.

Selbsttest:
Überprüfen und hinterfragen Sie Ihre Einstellungen zu einem Thema.

Tipps & Hinweise:
Hier werden Tipps aus der Praxis gegeben.

Übersicht:
Übersichten geben allgemeine Einführungen zu einem Sachverhalt und zu Arbeitsabläufen.

Übungen & Vertiefungen:
Ähnlich wie die FAQs helfen die Übungen, ein Thema zu vertiefen und lassen Platz für persönliche Notizen.

Zitat:
Zitate aus Textquellen werden hier angezeigt, sowie Literaturhinweise am Ende eines jeden Kapitels.

1 Die Bibliothek im Unternehmenskontext

Ein Unternehmen von außen verstehen zu wollen, ist sehr schwierig. Öffentlich zugängliche Informationen wie Pressemitteilungen oder Geschäftsberichte lassen kaum Rückschlüsse auf die internen Strukturen zu. Wie wir auf den folgenden Seiten feststellen werden, gibt es dennoch bestimmte Merkmale, die eine Organisation prägen, wie beispielsweise seine Struktur, seine Hierarchie, die Unternehmenskultur, die Branche und natürlich die Mitarbeiter.

Eine Unternehmensbibliothek ist, genau wie alle anderen Abteilungen auch, eng mit den Zielen des eigenen Unternehmens verbunden. Die Einbindung der Bibliothek in den Unternehmenskontext erfolgt über die Positionierung im Unternehmen, die Kooperation mit internen Kunden und verschiedenen internen Schnittstellen. Für die tägliche Arbeit einer Unternehmensbibliothek ist es deshalb sehr hilfreich, sich über sein Umfeld, die Einflussfaktoren, Prozesse und Schnittstellen zu anderen Bereichen klar zu werden.

1.1 Das Unternehmen: eine heterogene Organisation

1.1.1 Auftrag und Struktur

Unternehmen sind dynamische Organisationen und bilden einen meist hierarchischen Zusammenschluss von Führung und Mitarbeitern. Unternehmen haben in der Regel ein zentrales Ziel: eine Ware oder Dienstleistung zu produzieren, einen Preis dafür zu ermitteln und die Ware möglichst mit Gewinn zu verkaufen. Im Unterschied dazu haben öffentliche Einrichtungen oder Non-Profit-Organisationen gemeinnützige und nicht wirtschaftliche Ziele. Ein Unternehmen in der sogenannten „freien Wirtschaft“ kann folgende Merkmale haben:

- Handelt nach den Prinzipien des Privateigentums,
- hat wirtschaftliche Autonomie,
- handelt mit unternehmerischer Entscheidungsfreiheit,
- gedeiht oder scheitert an Rentabilität, Liquidität, Wachstum,
- produziert eine Ware oder Dienstleistung,
- steht im Wettbewerb mit Konkurrenten,
- ist gewinnorientiert,
- handelt nach dem „Ökonomischen Prinzip“.

„Ökonomisches Prinzip“
= Wirtschaftlichkeit
= Kosten/Nutzen-Relation

Weil Unternehmen nach dem „Ökonomischen Prinzip“ handeln, kann man davon ausgehen, dass diese Haltung den Arbeitsalltag in einem Unternehmen maßgeblich prägt und die Abteilungen und Mitarbeiter in der Regel an diesem Prinzip ausgerichtet handeln.

Unternehmen, Firmen oder Betriebe (umgangssprachlich werden diese Begriffe synonym verwendet) variieren je nach Branche, Größe, Geschichte und **Betriebskultur**. Es können ganz unterschiedliche Werte gelebt werden, die den Arbeitsalltag prägen. Unternehmen können historisch gewachsen sein, traditionsreiche Strukturen haben und sich von daher intern eher langsamer verändern. Andere mögen innovativ, modern und flexibel erscheinen. Dies sagt aber nichts über ihren tatsächlichen Erfolg am Markt aus. Dennoch kann eine interne Dynamik bestehen, die aus der pragmatischen Erfahrung heraus resultiert, dass Unternehmen, wenn sie wettbewerbsfähig bleiben wollen, sich laufend verändern müssen. Der Wandel im Markt oder der Technologien ist beständig und ebenso die Anpassung der internen Organisation und Prozesse.

FAQ zum Thema Hintergrundinformationen zum Unternehmen:
Zur Vertiefung des Themas versuchen Sie, durch die Beantwortung folgender Fragen mehr Hintergrundinformationen zu erhalten und Ihr Unternehmen einzuordnen. Ein Blick in den Geschäftsbericht kann Aufschluss geben:
- Was sind die Geschäftsfelder meines Unternehmens?
- Wie ist die historische Entwicklung?
- Wo ist der Hauptsitz?
- Welcher Branche gehört es an? Wer sind die Kunden, Zielgruppen?
- Wie groß ist das Unternehmen (Anzahl Standorte, Länder, Mitarbeiter)?
- Falls es sich um einen Konzern handelt: wie ist dieser strukturiert?
- Wie stellt sich das Unternehmen nach außen hin dar?

1.1.2 Management und Mitarbeiter

Es ist immer wichtig, die Managementstruktur, also den **Aufbau der Hierarchien** zu verstehen. Organisatorisch arbeiten kleinere und mittelständische Unternehmen eher mit einer flachen Hierarchie, das heißt, die Entscheidungswege und die Kommunikation werden eher kurz und pragmatisch und die Beteiligung der Mitarbeiter vermutlich größer sein.

Mittelgroße und große Unternehmen haben in der Regel eine straffere und damit klare Hierarchie. Internationale Konzerne wiederum können in einer komplexeren **Matrix** organisiert sein, in der jeder Mitarbeiter mehr als einen Chef haben kann: den direkten Vorgesetzten, einen Bereichsleiter an einem anderen Standort auf internationaler Ebene oder einen Projektleiter im Ausland. Manchmal sind durch Fusionen Abteilungen mit gleichen Aufgaben über mehrere Standorte hinweg zusammengelegt worden. Andere Konstellationen sind denkbar.

Die Aufgaben der Unternehmensleitung bestehen darin, das Unternehmen so zu organisieren, dass für einzelne Bereiche konkrete Ziele und Aufgaben festgelegt und planbar gemacht werden. Bei Zielvorgaben werden personelle, räumliche, zeitliche und ressourcenbasierte Vorgaben formuliert. Ziele müssen formuliert, erreicht, gemessen und angepasst werden. Dies ist ein ständiger (Kommunikations-)Prozess. Auch die Unternehmensbibliothek ist Teil der Zielvorgaben.

Folgende **zentrale Funktionen** greifen in einem Unternehmen ineinander und kooperieren:
- strategische (Geschäftsleitung, Kommunikation),
- administrative (Controlling, Buchhaltung, Personalabteilung),
- operative (Marketing, Vertrieb, Produktion).

Informationspolitik ist Teil der Unternehmensstrategie.

Obgleich verschiedene Bereiche zwangsläufig Außenkontakte pflegen (wie Marketing, Vertrieb, externe Kommunikation, Kundenkontakte, Partnerunternehmen, Behörden) sind Unternehmen eher „geschlossene" Systeme. Unternehmensinterne Informationen (wie Kommunikation zwischen Mitarbeitern und Abteilungen, interne Forschung, Betriebsabläufe, Kennzahlen) sind nicht für die allgemeine Öffentlichkeit bestimmt, oftmals vertraulich zu behandeln und verlassen in der Regel das Unternehmen nicht oder nur nach internen Absprachen. Diese Vorgaben können auch eine interne Informationskultur prägen, die die Mitarbeiter mehr oder weniger unbewusst übernehmen. Für eine Unternehmensbibliothek, die neue digitale Services einführen möchte, ist dies sicher ein wichtiger Aspekt, wie diese Veränderungen im Unternehmen kommuniziert und aufgenommen werden. Ob ein Unternehmen innovationsfreudig ist, wird sicher maßgeblich von der Unternehmenskultur abhängen.

FAQ zum Thema Innovationen im Unternehmen:
Versuchen Sie zu verstehen, wie im Unternehmen mit Innovationen umgegangen wird. Das mag Auswirkungen haben auf Projekte oder Automatisierungsvorhaben (vgl. hierzu Kapitel 2 und 3). Klären Sie folgende Fragen:
- Wie sind die Hierarchien aufgebaut?
- Wer sind die Entscheidungsträger für Innovationen?
- Ist Ihr Unternehmen konservativ oder progressiv?
- Drücken die Unternehmenswerte eine Offenheit für Innovationen aus?

Je nach Größe und Branche des Unternehmens sind unterschiedliche **Berufsgruppen und Mitarbeiter** vertreten. Bei internationalen Unternehmen mit standortübergreifenden Abteilungen besteht zudem häufig eine **interkulturelle Zusammenarbeit**. Hat man Kollegen an anderen Standorten, denen man zuarbeitet, so ist Englisch oft die Unternehmenssprache und das ist nicht die einzige bereichernde Erfahrung, die man bei einer internationalen Zusammenarbeit machen kann.

FAQ zum Thema Berufsgruppen:
Lernen Sie Ihre Kollegen besser kennen und versuchen Sie, Informationen zu folgenden Fragen zu finden:
- Welche Berufsgruppen sind hauptsächlich in Ihrer Firma tätig?
- Was ist typisch für diese Gruppen?
- Wie viele Mitarbeiter kommen potentiell auf einen Bibliothekar?
- Mit welchen Nationen arbeiten Sie täglich zusammen?
- Ist interkulturelle Zusammenarbeit im Unternehmen ein Thema?

1.1.3 Mitarbeiter der Unternehmensbibliothek

Die Mitarbeiter einer Unternehmensbibliothek können in der Praxis bis hin zu Leitungsfunktion ebenfalls verschiedene berufliche Biografien haben. Quereinsteiger sind keine Seltenheit und manche Kollegen haben keinen bibliothekarischen **Background**. Sie würden sich nicht als Bibliothekare bezeichnen, auch wenn sie schon lange entsprechende Tätigkeiten ausüben.

Ein gemischtes Team aus bibliothekarischen und fachfremden Kollegen kann eine große Bereicherung sein, weil quer eingestiegene Kollegen Erfahrungen aus anderen Betriebsbereichen mitbringen. Sie verfügen über andere **Perspektiven** und Netzwerke, die bei der Ermittlung von Kundenbedürfnissen und beim Herstellen von Kontakten zu einzelnen Zielgruppen hilfreich sein können. Ein weiterer Effekt ist, dass man ohne bibliothekarischen Hintergrund zu anderen Lösungen kommt, die ebenfalls zielführend und pragmatisch sein können.

In kleineren Unternehmen muss oft die Betreuung der Unternehmensbibliothek sogar „nebenher" passieren, wenn keine eigene Stelle für diese Tätigkeiten veranschlagt wird. Hier können Onlineservices sogar die Arbeit vereinfachen. Aber dazu später mehr in Kapitel 3 bis 5.

FAQ zum Thema Kollegen in der Unternehmensbibliothek:
- Was haben die eigenen Kollegen für einen Background?
- Kennen die Kollegen Ihren Background?
- Wenn die Bibliothek in eine (größere) Informationsabteilung eingebunden ist: kennen Sie die Aufgaben Ihrer Kollegen?
- Kennen die Kollegen Ihre Aufgaben?
- Was können Sie voneinander lernen?

Schlagen Sie in einer Abteilungsbesprechung den Kollegen vor, sich die Arbeitsbereiche gegenseitig zu zeigen, vor allem die Prozesse. Gegenseitiges Verständnis hilft enorm beim Kundenservice und dem eigenen „vernetzten" Denken. Gehen Sie einen Schritt weiter: ist eine „Job-Rotation" innerhalb der Abteilung möglich?

1.2 Positionierung der Unternehmensbibliothek

1.2.1 Positionierung beim Management und innerhalb der Organisation

Vergewissern Sie sich (immer wieder) über den genauen Auftrag und Stellenwert der Bibliothek bei Vorgesetzten.

Unternehmensbibliotheken sind so individuell wie die Organisationen, denen sie angehören. Auch wenn die Verankerung einer Bibliothek in einem Unternehmen eine lange Tradition hat, so wird dies nicht unbedingt Schlüsse auf ihre zukünftige Aufgabenstellung und Bedeutung zulassen können. Das Unternehmen wird eine ganz bestimmte Haltung oder sogar eine eigene „Politik" zur **Nutzung von Fachinformation** haben, mit der sie die Bibliothek beauftragt und wofür sie Geld ausgibt. Folgende Gründe können aus Sicht des Unternehmens eine Rolle spielen, weshalb „Informationsmanagement" zur Wertschöpfung beitragen kann. Hier einige Beispiele:

- Ständige Versorgung mit aktueller Fachliteratur,
- ständige fachliche Weiterbildung der Mitarbeiter,
- Stand der Wissenschaft und Technik für Forschungs- und Entwicklungsvorhaben,
- Auswertung von Informationen zur Entwicklung von Innovationen,
- Erkennung von Branchentrends,
- Unterstützung von geschäftsrelevanten Entscheidungen durch Recherchen,
- Zugriff auf aktuelle, gesetzliche Auflagen und Vorschriften,
- Bündelung dieser Tätigkeiten an einer Stelle.

Nicht immer ist der **Auftrag** für die Unternehmensbibliothek explizit formuliert und in allen Ebenen des Managements klar im allgemeinen Bewusstsein, sondern erschließt sich indirekt durch die organisatorische Verankerung der Abteilung. Es gibt unterschiedliche Möglichkeiten, wo eine Bibliothek im Unternehmen zugeordnet sein kann. Häufig sind dies Bereiche mit administrativen Funktionen, wie beispielsweise Einkauf oder IT. Im Idealfall wäre die Unternehmensbibliothek direkt an die Geschäftsleitung oder eine Funktion mit abteilungsübergreifenden Aufgaben angegliedert. Dies brächte einen hohen Stellenwert zum Ausdruck und man könnte mit entsprechender Unterstützung der Unternehmensleitung rechnen.

Geschäftsführer sind oftmals keine Information Professionals!

Günstig wäre es auch, wenn die Leitungsfunktion ein Verständnis für den Auftrag der Fachbibliothek im Unternehmen hat und gleichzeitig einen Draht zur Unternehmensleitung. Von daher ist eine gute Beziehung zu den **Entscheidungsträgern** essentiell für die Unterstützung eigener Vorhaben. Gerade bei der Priorisierung von Projekten oder der Budgetplanung spielt es eine wichtige Rolle, welches Image und welchen Auftrag die Unternehmensbibliothek hat.

Die **organisatorische Zuordnung** der Unternehmensbibliothek wird mit hoher Wahrscheinlichkeit zu einem Vorgesetzten aus einer anderen Berufsgruppe erfolgen. Deshalb kann es möglicherweise eine besondere, kommunikative Herausforderung für die Unternehmensbibliothek darstellen, die inhaltlichen Aufgaben einem fachfremden Vorgesetzten oder Entscheidungsträger klarzumachen. Es könnte sein, dass die Sicht der Manager auf die Bibliothek sich noch aus einer Zeit der „Versorgung mit Büchern" rekrutiert – wo die Unternehmensbibliothek doch inzwischen so viel mehr zu bieten vermag!

Es kann eine große Rolle spielen, dass man im Unternehmen nicht nur die Entscheidungsträger kennt, sondern auch weiß, ob es unter ihnen **Fürsprecher** oder Fans der Bibliothek gibt – vor allem wenn es sich dabei um Benutzer aus strategisch „wichtigen“ Abteilungen handelt. Es ist lohnenswert, ihre Namen zu kennen, da sie für die Unternehmensbibliothek lobbyieren könnten.

Bindung zu Fürsprechern herstellen und pflegen.

Deshalb ein paar Tipps:
- Sammeln Sie Erfolgsgeschichten, die den Wert der Unternehmensbibliothek veranschaulichen,
- sammeln Sie die Namen zufriedener Kunden,
- formulieren Sie einen Auftrag für sich selbst, mit dem Sie „arbeiten“ und den Sie bei Bedarf kommunizieren können.

FAQ zum Thema Auftrag der Unternehmensbibliothek:
Zur Vertiefung der Frage nach dem direkten Auftrag können die folgenden Fragen vielleicht helfen, dies klarer zu sehen:
- Welche Politik und welche Kultur gibt es im Umgang mit Fachinformationen?
- Wie lautet der offizielle Auftrag an die Unternehmensbibliothek?
- Wen könnten Sie danach fragen?
- Wer sind die mittelbaren und unmittelbaren Entscheidungsträger für Belange der Unternehmensbibliothek?

1.2.2 Positionierung beim internen Kunden

Der Dienstleistungsgedanke ist in den meisten Unternehmensbibliotheken sehr stark ausgeprägt. Das Aufgabenspektrum ist sehr eng an die Bedürfnisse der Kunden angelehnt. Diese können aus verschiedenen **Zielgruppen** mit unterschiedlichen Informationsbedürfnissen bestehen. Alle bestimmen durch ihren Bedarf das Medienangebot der Bibliothek. Die **Beziehungen zum Kunden** und das Image der Bibliothek spielen eine ähnlich wichtige Rolle wie die organisatorische Verankerung.

Vergewissern Sie sich ab und zu über das Image der Bibliothek.

Deshalb sollte man sich um neue Mitarbeiter aktiv bemühen. Vielleicht müssen neue Kollegen gleich zu Beginn bestimmte administrative Stationen aufsuchen (Personalabteilung, Dienstausweis, Schlüsselausgabe, Netzwerkfreischaltung etc.) Sorgen Sie dafür, dass die Unternehmensbibliothek eine davon ist. Andernfalls können Sie über einen Draht zur Personalabteilung erfahren, wer neu ins Haus kommt und Kontakt mit den neuen Kollegen aufnehmen. Schlagen Sie einen Termin vor, um die Services der Bibliothek persönlich zu erläutern und zu klären, zu welcher Zielgruppe der neue Kollege gehört.

Bindung zu neuen Mitarbeitern herstellen.

Wenn man verstehen will, wie die Kunden der Unternehmensbibliothek „ticken“, muss man berücksichtigen, dass diese aus ganz verschiedenen **Berufsgruppen** kommen. Je nach Branche haben Sie es mit Betriebswirten, Juristen, Naturwissenschaftlern, Ingenieuren, Office Managern, Fachinformatikern oder Quereinsteigern zu tun, die in jedem Fall für ihre Expertise eingestellt wurden und im Laufe ihres Berufslebens weitere hinzugewinnen. Sie haben es also immer mit „Expertenkunden“ zu tun, die unterschiedliche operative Aufgaben wahrnehmen und die Unterstützung der Bibliothek dafür einfordern.

Ihre Kunden sind Profis und Experten aus verschiedenen Berufsgruppen!

Entwickeln Sie ein Ohr für den **Fachjargon** Ihrer Kunden und lernen Sie diesen zu verstehen. Entwickeln Sie alternative Ausdrücke für bibliothekarische Prozesse (Geschäftsgänge), die für jeden schnell verständlich sind, beispielsweise „Bucheinkauf“ statt „Erwerbung“. Das baut Sprachbarrieren ab und erleichtert die Kommunikation.

Darüber hinaus haben Sie es mit unterschiedlichen Hierarchien zu tun. Unter Umständen sind Managementkunden weniger geduldig und stärker unter Zeitdruck. Ihnen gilt eine andere Form der **Aufmerksamkeit**. Selten treten die Manager größerer Organisationen direkt an Sie heran, sondern über ihre Office Manager, das Sekretariat oder ihre direkten Mitarbeiter. Natürlich ist (neben der Positionierung der Unternehmensbibliothek) der beste Service für diese Kunden immer eine Chance, das Image zu verbessern. Es kann jedoch sein, dass man Ihren „besten Service" als selbstverständlich und unkommentiert hinnimmt. Dennoch gilt: Sie sollten stets die gleiche Sorgfalt und Aufmerksamkeit für alle Gruppen bei der Unterstützung ihrer Belange aufbringen. Fragen Sie hin und wieder nach, ob die erledigte Aufgabe oder dieser oder jener Service von Nutzen war und notieren Sie sich das Feedback.

Unkonventionelle Anlässe für das eigene Marketing nutzen.

Wichtig ist im Auge zu behalten, auf welchem Weg die Kunden die Unternehmensbibliothek hauptsächlich erreichen – ob über das Intranet oder durch den Besuch der physischen Bibliothek. Auch bei der Planung digitaler Services ist das ein Aspekt. Verschiedene Zielgruppen benutzen die Unternehmensbibliothek und ihre Services letztlich auf verschiedene Weise. Deshalb wird keine der Zielgruppen alle Möglichkeiten genau kennen und immer ein partielles (und subjektives) Bild von der Bibliothek haben. Deshalb gibt es immer einen latenten **Aufklärungsbedarf** und die Notwendigkeit, dass man die eigenen Kunden bei jeder Gelegenheit (sei es beim Smalltalk in der Kantine oder bei einem eher zufälligen Kurzbesuch in die Bibliothek) ein bisschen informiert und aufklärt.

Vertiefung zum Thema interne Kunden und Zielgruppen:
Lernen Sie Ihre Kunden und internen Zielgruppen kennen. Dies ist ein fortlaufender Prozess, der Sie vermutlich ständig begleiten wird.

- Machen Sie eine Auflistung der Zielgruppen (hierarchisch, nach Abteilungen, nach Berufsgruppen, nach Projekten),
- berücksichtigen Sie dabei, wo und wie diese Gruppen arbeiten (im Innendienst, Außendienst, Labor u. ä.),
- kennen Sie den Informationsbedarf der Gruppen genau? Wenn nicht, klären,
- informieren Sie sich anhand der Nachfrage nach Fachliteratur einer Zielgruppe über die aktuellen Trendthemen,
- gibt es Kunden, die oft und gerne auf die Bibliothek zukommen? Sind es gegebenenfalls Fürsprecher?
- Wer nutzt die Bibliothek nicht und warum? Ist diese Zielgruppe zu vernachlässigen oder ist das Gegenteil der Fall? Ist bei diesem Personenkreis die Bibliothek vielleicht gar nicht bekannt oder für die tägliche Arbeit nicht notwendig?
- Um die Zielgruppen kennen zu lernen, hilft eine kleine Statistik über Namen und Abteilung des Kunden. Werten Sie diese regelmäßig aus.

1.2.3 Positionierung über die Kernaufgaben

Die Services einer Unternehmensbibliothek werden generell intern für Management und Mitarbeiter angeboten. Gerade in „wissensintensiven" Unternehmen kann die **Versorgung mit aktuellen Fachinformationen** essentiell sein. Die Unternehmensbibliothek sorgt mit ihrer Expertise für eine breite Palette von Services:

- Sie kennt die Produzenten der Informationsquellen,
- sie sorgt für den Zugang,
- sie verbindet Wert und Nutzen der Informationsquellen für das Unternehmen,
- sie unterstützt die Einbeziehung der Quellen in den Arbeitsprozess (genaue Zustellung an Zielgruppen),

– sie garantiert die fachliche Verlässlichkeit und inhaltliche Vertrauenswürdigkeit der Informationsquellen.

Die **Methoden** können eine Mischung sein aus klassisch bibliothekarischen Tätigkeiten oder dokumentarischen und archivarischen Aufgaben. Sie werden ebenso in Form von Beratungsleistungen, Kundenschulungen wie auch technischem Informationsmanagement (Auswahl, Anpassung an Unternehmensprozesse, Helpdesk) erbracht. Hinzu können weitere **Tätigkeiten** kommen, über die sich die Unternehmensbibliothek zusätzlichen Stellenwert erarbeiten kann: Unterstützung beim Wissensmanagement, bei der Verwaltung von Unternehmenswissen in Form von nur einmalig vorhandenen Dokumenten (Forschungsdaten, Projektdokumentationen, Laborjournalen, Projektplänen u.ä.), oder auch weitergehende Literaturservices wie Publikationsbetreuung, Urheberrechtsklärungen, Erstellung von Zulassungsdossiers.

Unternehmensbibliotheken treffen bei ihren Services und Literaturangeboten von vornherein eine Auswahl. So müssen sich die Angebote auf die wichtigsten Fachmedien und ihre Nutzung konzentrieren und kurzfristigen Bedarf im Einzelfall decken können. Dazu ist oftmals die Kooperation mit Drittanbietern notwendig.

Eine Unternehmensbibliothek wird sich daran messen lassen müssen, ob sie die gesteckten Ziele erfüllt und ob mit Hilfe von Evaluierungen der **Nachweis der eigenen Leistungen** untermauert werden kann. Wie will man den eigenen Beitrag zum Unternehmenserfolg messen? Die Schwierigkeit ist ja, dass die Kosten explizit sind, der Nutzen aber eher implizit. Services sollten deshalb so weit wie möglich quantifiziert werden, um Entscheidungsträgern numerische Bezugspunkte für die Einordnung der Dienstleistungen anzubieten. Über die Darstellung von Zeitreihen über mehrere Monate können Entwicklungen visualisiert werden.

Eine kleine Übung als Klärungsprozess:
Zur Vertiefung des Themas „Kernaufgaben der Unternehmensbibliothek“ können Sie eine kleine Übung machen, die sich konkret auf Ihre Services bezieht. Sinnvoll wäre es, diese Übung hin und wieder durchzuführen, um Änderungen zu berücksichtigen, die im Laufe der Zeit entstehen können:

1. Schritt:

Machen Sie eine schnelle **Liste aller Services und Tätigkeiten**, wie sie Ihnen gerade in den Sinn kommen. Denken Sie nicht lange nach. Zählen Sie alles auf, was Ihnen einfällt. Denken Sie dabei auch an scheinbar unwichtiges, wie „Kopierpapier auffüllen“.

2. Schritt:

Versuchen Sie, die Services der Bibliothek zu **priorisieren** und in das unten stehende Schema einzuordnen. Machen Sie dazu ein Kreuz und teilen das Arbeitsblatt in vier Felder oder eine Tabelle mit zwei Spalten und zwei Zellen. Tragen Sie folgendes ein:

Häufig genutzte und wichtige Services:	Selten genutzte aber wichtige Services:

Häufig genutzte aber weniger wichtige Services:	Selten genutzte und weniger wichtige Services :

Sie fragen jetzt, was ist „wichtig“? Versuchen Sie ruhig zwei Listen. Eine im Sinne der Kunden und eine im Sinne der Bibliothek.

Zu welchen Schlussfolgerungen kommen Sie für Ihren Arbeitsbereich?

1.2.4 Interne Schnittstellen

Wie bereits erwähnt, besteht ein Unternehmen aus verschiedenen Funktionsbereichen, die untereinander operativ kooperieren. In kleineren Unternehmen werden diese teilweise zusammengefasst sein. Vor allem in komplexeren Unternehmensstrukturen gibt es für die Unternehmensbibliothek einige wichtige, administrative Schnittstellen zu anderen Serviceabteilungen. Im Laufe des Buches werden uns diese Schnittstellen wieder begegnen. Hier wollen wir zunächst die Wichtigsten vorstellen.

Die Unternehmensbibliothek sollte einen direkten IT-Ansprechpartner haben.

Die Technik: IT-Abteilung

Die größte Schnittstelle haben (digitale) Unternehmensbibliotheken mit der IT-Abteilung. Nahezu alles, was „über den Computer“ läuft, hängt administrativ an der „IT“. Sie betreibt ebenfalls Informationsmanagement für das Unternehmen, allerdings eher im Sinne einer technischen Konzeption der Netzwerke, Software und IT-Infrastruktur.

Wenn das Unternehmen größer ist, macht es Sinn, einen festen Ansprechpartner für die Bibliothek zu finden, der im Idealfall ebenfalls über einen ähnlichen Servicegedanken verfügt. Denn auch diese Kollegen arbeiten für die gleichen internen Kunden wie die Bibliothek. Das hat folgende Vorteile. Die IT-Abteilung

- lernt im Idealfall die bibliothekarische Sicht anzunehmen (und umgekehrt!),
- kennt sich mit der Bibliothekssoftware aus (zumindest ihren Zweck und versteht ihre Benutzung),
- kann bei der Kommunikation mit externen Anbietern von elektronischen Dienstleistungen Unterstützung bieten (Systemvoraussetzungen einschätzen).

In vielen Unternehmen gibt es für den täglichen Support am Rechner einen **Helpdesk**. Dort müssen die elektronischen Services der Unternehmensbibliothek bekannt sein, falls diese nicht laufen und interne Kunden bei der IT statt bei der Bibliothek anrufen. Klare Zuständigkeiten und eine enge Kommunikation mit der IT sind wichtig, damit technische Probleme schnell gelöst werden. Lernen Sie aus Problemen, mit denen Kunden auf Sie zukommen, etwas über die Systemarchitektur. In den meisten Fällen haben mehrere „User" (das ist der Begriff für Kunden bei der IT) das gleiche Problem. Geben Sie positives Feedback von Kunden auch an die IT-Abteilung weiter.

Das Kaufmännische: Controlling, Einkauf und Rechnungswesen

Das **Controlling** hat die Funktion, für das Management Transparenz über den Status der finanziellen Lage des Unternehmens insgesamt zu vermitteln. Hierzu gehört auch, dass für die einzelnen Bereiche und Abteilungen detaillierte Budgetplanungen für die Kostenstellen vorgenommen werden, die laufend mit tatsächlichen Ausgaben verglichen werden (Soll-Ist-Vergleich). Das Controlling regelt die Verteilung des Budgets auf Kostenstellen und das nicht nur am Ende eines jeden Jahres, sondern durchaus in einem laufenden unterjährigen Prozess. Typischerweise werden zum Jahresende auf Basis der strategischen Produkt- und Dienstleistungsplanungen die Budgets für das Folgejahr geplant.

Für die Unternehmensbibliothek kann es verschiedene Strategien geben, ein Budget aufzustellen. Einerseits kann es ein eigenes Budget für die Bibliothek geben, das für sämtliche Anschaffung im Unternehmen definiert wird. Andererseits können die Budgets oder Kostenstellen der Kunden für Einzelbestellungen belastet werden.

Bei Entscheidungen hinsichtlich größerer Investitionen oder Anschaffungen, bzw. Abschluss langlaufender vertraglicher Verpflichtungen, sind bestimmte **Genehmigungsstufen** im Unternehmen zu beachten. Unter Umständen muss die Geschäftsleitung ihre Zustimmung erteilen.

Machen Sie sich das Verhandlungsgeschick der Einkäufer zunutze.

Die **Einkaufsabteilung** ist neben der IT möglicherweise die zweitwichtigste Schnittstelle. Es kann nützlich sein, bei Verhandlungen einen Einkäufer einzubeziehen. In größeren Unternehmen mag es ohnehin der Fall sein, dass es feste Zuständigkeiten gibt und die Bibliothek einen Einkäufer zur Seite hat. In kleineren Unternehmen mag es einen Zuständigen fürs „Kaufmännische" geben, den man hinzuziehen kann.

Darüber hinaus ist es wichtig, die Schnittstelle zur Buchhaltung oder zum **Rechnungswesen** zu kennen. Vor allem, wenn es um die Kommunikation mit externen Lieferanten oder Reklamationen geht. Dem Rechnungswesen muss oftmals vermittelt werden, dass Abonnements oder Lizenzen nur mit Vorkasse erworben werden können, was unter Umständen zum Jahreswechsel bürokratischen Aufwand erfordert.

Compliance: Rechtsabteilung und Datenschutzbeauftragter

Beim Bezug von digitalen Ressourcen oder der Zusammenarbeit mit externen Anbietern kann die **Rechtsabteilung** die Unternehmensbibliothek beraten. Die Rechtsabteilung arbeitet auch eng mit dem Einkauf zusammen, wenn umfangreiche Verträge mit Lieferanten abgeschlossen werden. Rechtsabteilungen klären Rahmenbedingungen und unterstützen bei Verhandlungen mit Verlagen. Nicht immer ist das Urheber- und Nutzungsrecht für Rechtsabteilung ein klassisches Kompetenzfeld. Deshalb ist es wichtig, dass sich Unternehmensbibliothekare mit den internen Juristen über die Nutzungsrechte von elektronischen Ressourcen verständigen. Unternehmen werden teilweise die Einhaltung von Regeln, Gesetzen oder Normen im Zuständigkeitsbereich **„Compliance“** bündeln. Die Bibliothek wird sicherlich bei Empfehlungen zum Umgang mit Copyrightfragen damit zu tun bekommen.

Möglicherweise hat das Unternehmen einen **Datenschutzbeauftragten**, der zwischen IT und Rechtsabteilung die Verwendung von personenbezogenen Daten in Datenverarbeitungssystemen überwacht. Dies kann auch für die Bibliothek relevant werden, wenn sie beispielsweise den Einsatz von Systemen von externen Drittanbietern zur Literaturbestellung plant. Ein Datenschutzbeauftragter muss bei einer Unternehmensgröße von mehr als neun Mitarbeitern (intern oder extern) gestellt werden. Dies ist durch das Bundesdatenschutzgesetz geregelt.

Interne Kommunikation und Öffentlichkeitsarbeit

Die Kommunikationsabteilung arbeitet eng mit der Geschäftsleitung zusammen und ist ein wesentlicher Teil der strategischen Informationskultur eines Unternehmens. **Kontakte** zur internen Kommunikation können helfen, ein gegenseitiges Verständnis aufzubauen. Denn die Unternehmenskommunikation verfügt ihrerseits über Kontakte zu internen Zielgruppen.

Viele Unternehmen pflegen darüber hinaus ein **Intranet**. Oftmals ist die interne Kommunikation zuständig für die Inhalte dieser Webseiten. Wenn die Unternehmensbibliothek eine Homepage hat, dann wird es wichtig sein, an welchen Stellen innerhalb des Intranets ein Link platziert wird (vgl. hierzu Kapitel 6.3).

Die Kommunikationsabteilung kann auch hilfreich sein, wenn die Unternehmensbibliothek **interne PR**, bzw. Öffentlichkeitsarbeit für sich und ihre Services im Unternehmen betreiben möchte. Vielleicht gibt es interne Rundschreiben, Firmen-Newsletter oder regelmäßige Veranstaltungen, die zu den Kommunikationswünschen der Bibliothek passen und von ihr genutzt werden können (siehe Kapitel 1.4)

FAQ zum Thema Schnittstellen zu anderen Abteilungen:
- Welche Schnittstellen gibt es zu anderen Abteilungen?
- Wie viel wissen Sie voneinander?
- Kennen Sie Ihre Ansprechpartner?
- Wo gibt es gegenseitigen Informationsbedarf?

1.3 Kommunikation mit den internen Kunden

Die Unternehmensbibliothek muss aktiv in das Gespräch mit den internen Kunden gehen. Angesichts zunehmend virtueller Dienste, ist man auf das regelmäßige Kundenfeedback angewiesen, will man sich weiterentwickeln. Dies schließt sowohl das Kommunizieren über eigene Serviceangebote ein, als auch die Einbindung von Kundenwünschen. Das sollte zu einem permanenten Prozess werden. Idealerweise sollte der Dialog sachorientiert und unabhängig von Hierarchien stattfinden können. Diese Form der Kooperation mit dem Kunden ist letztlich Kommunikationsarbeit. Langfristig kann daraus eine Vernetzung mit den Kunden zum gegenseitigen Nutzen entstehen. In diesem Abschnitt werden einige konkrete Beispiele von Formaten vorgestellt und näher erläutert.

1.3.1 Bauen Sie Kommunikationskanäle auf

Bauen Sie eine eigene Kommunikationsstrategie auf.

Beim Aufbau einer systematischen Kommunikation, geht es um das Finden der richtigen Formate, wie Sie aktiv und methodisch ins Gespräch über fachinformationsbezogene Themen kommen können. Anders ausgedrückt kann man auch von verschiedenen Maßnahmen sprechen, die zusammengenommen eine eigene Kommunikationsstrategie bilden. Alle Maßnahmen sollten folgende Aspekte und Eigenschaften beinhalten:

- Zielgruppen = zielgerichtet,
- Kommunikationsformate = maßgeschneidert,
- Häufigkeiten = regelmäßig,
- Einbindung des Kundenfeedback = nachhaltig,
- Reporting an das Management = verbindlich.

Es gibt verschiedene Möglichkeiten des Dialogs mit den Zielgruppen. Die Kommunikation mit dem Kunden sollte anlassbezogen organisiert werden. Denkbar sind Formate mit folgenden Merkmalen, die letztlich von der Unternehmensbibliothek entwickelt, vorbereitet und ausgewertet werden müssen:

Übersicht von verschiedenen Formaten

Besprechungen:
Beispiele sind Meeting, „Runder Tisch“, Teilnahme an Abteilungsbesprechungen. Diese Zusammentreffen wären geeignet für Richtungsentscheidungen oder Mitsprache beim Finden von Lösungen. Die Teilnehmer sind zahlenmäßig begrenzt und repräsentieren einen Querschnitt der Zielgruppen. Dies kann ein bis zweimal im Jahr stattfinden.

Events:
Beispiele sind ein „Tag der offenen Tür“, Roadshows, Präsentationen. Hier wird ein Blick hinter die Kulissen gewährt und über Trends informiert. Die Veranstaltungen sind offen für alle interessierten Kollegen. Dieses Format erfordert ein gewisses Maß an Vorbereitung und kann deshalb nicht so häufig stattfinden, ist aber nützlich, um die eigene Bekanntheit zu erhöhen und spontanes Feedback einzuholen.

Schulungen und Trainings:
Beispiele für Kundenschulungen sind Datenbanktrainings, Einführung für neue Mitarbeiter, Lunch & Learn-Sessions. Diese sind geeignet für die Vertiefung von gezielter Information über Services. Auch dieses Format bedarf genauer Vorbereitung (Schulungsort, Umfang, Inhalt, Zielgruppe, Häufigkeit) und ist geeignet, um unter anderem auch die Benutzerfreundlichkeit einzelner Angebote zu erfragen.

Feedback vom Kunden:
Beispiele sind unmittelbare Probleme der Kunden im Alltag bei der Benutzung von Onlineservices sowie häufig gestellte Fragen. Diese kommen unmittelbar per Anruf oder e-Mail. Die Vorbereitung darauf ist schwierig, weil die Fragen eher zufällig und nicht planbar eintreffen. Das Feedback kann aber im laufenden Prozess gesammelt, und hinterher ausgewertet werden.

Feedbackmanagement für E-Mail-Anfragen

Tipps & Hinweise: Feedbackmanagement per Mail
Im Unternehmensalltag wird die Bibliothek mit vielen verschiedenen Anfragen konfrontiert. Egal ob es sich um Lob („Schön, dass es funktioniert!“), Rückfragen zur Benutzung von Services („Wie funktioniert das?“), Problemmeldungen („Warum funktioniert das nicht?“) oder richtige Beschwerden („Nie funktioniert hier etwas!!!“)

handelt, alles ist Feedback. Werden Arbeitsweisen virtueller, hat das Auswirkungen auf die Kommunikation. Rückfragen werden zunehmend per E-Mail an die Unternehmensbibliothek verschickt. Organisieren Sie deshalb ein Feedbackmanagement der E-Mail-Anfragen. Wenn Team und Unternehmen größer sind, sorgen Sie für eine einheitliche Mailadresse der Unternehmensbibliothek. Organisieren Sie eine verlässliche Erreichbarkeit, schnelle Reaktionen auf Anfragen und werten Fragen und Antworten regelmäßig nach Zielgruppen und Themen aus.

Die einzelnen Maßnahmen ergänzen sich, dennoch sollte der organisatorische Aufwand überschaubar bleiben. Fangen Sie deshalb mit ein oder zwei Maßnahmen klein an, und versuchen Sie nicht alles auf einmal zu tun. Sorgfältig geplante Maßnahmen nehmen nachher auch nicht so viel Zeit in Anspruch, wie man zu Beginn vielleicht meint. Lassen Sie das Feedback der Kunden allmählich in die eigene Strategie einfließen und nutzen Sie es zur Kommunikation mit dem Management.

FAQ zum Thema kommunikative Maßnahmen:
Überlegen Sie mit Ihrem Team, welche (oder ob andere) Maßnahmen oder Events, gemessen am zeitlichen Aufwand, in Ihr Unternehmen passen könnten:
- Wen könnten Sie mit den verschiedenen Maßnahmen erreichen?
- Welche Ziele sind damit verbunden?
- Welche Erfahrungen haben Sie mit ähnlichen Methoden schon gemacht?
- Wie werden diese von Ihren Kunden angenommen?

1.3.2 Nehmen Sie an Abteilungsbesprechungen teil

Sie wollen wissen, was die verschiedenen Abteilungen des Unternehmens im Bezug auf die Nutzung von Fachinformationen beschäftigt und suchen nach Gelegenheiten, dies etwas genauer zu erfahren. Darüber hinaus wollen Sie den Bekanntheitsgrad Ihrer Bibliotheksservices verbessern und einige Kunden, mit denen Sie bisher nur über Mail oder Telefon Kontakt hatten, auch persönlich in ihrem Umfeld kennen lernen.

Entscheiden Sie sich, mit einer Ihrer Zielgruppen anzufangen und an einer **Abteilungsbesprechung** teilzunehmen. Nehmen Sie sich vor, sukzessive alle einmal aufzusuchen. Diese Aktivitäten können sich über einen längeren Zeitraum verteilen.

Checkliste für Teilnahme an Abteilungsbesprechungen Ihrer Zielgruppen

Vorschlag für eine mögliche Vorgehensweise:
- Lassen Sie sich auf die Besprechungsagenda setzen: wer organisiert die Abteilungsbesprechungen der Zielgruppe und wann finden diese statt? Fragen Sie einen Ihnen bekannten Kunden aus der Gruppe.
- Vereinbaren Sie Ihre Teilnahme an einem bestimmten Termin.
- Ermuntern Sie vor dem Meeting, dass die Abteilung Fragen an Sie vorbereitet.
- Klären Sie den Zeitrahmen für Ihre Präsentation und schlagen Sie 10–20 Minuten vor.
- Überlegen Sie, ob Sie eine kurze Folienpräsentation über Ihre Services vorbereiten, mit höchstens 3–5 Folien.
- Halten Sie es kurz: Stellen Sie sich (Name, beruflicher Background, Dauer der Zugehörigkeit zum Unternehmen) und Ihre Services kurz vor. Fokussieren Sie sich dabei im Wesentlichen auf die Informationsbedürfnisse der Zielgruppe.
- Ermuntern Sie zu einer Diskussion.
- Fragen Sie, mit welchen Initiativen die Unternehmensbibliothek die Kunden unterstützen könnte. Nennen Sie dabei Beispiele und FAQs aus dem Alltag.

- Fassen Sie die Ergebnisse in einem Protokoll zusammen (inklusive der vereinbarten Maßnahmen) und kommunizieren es zurück an die Abteilung.
- Kommunizieren Sie die Ergebnisse an Ihr Management.

Die Erfahrungen können zeigen, dass die Hemmschwelle sinkt, die Bibliothek zu kontaktieren, weil ein persönlicher Kontakt hergestellt wurde. Nehmen Sie ruhig nach einer Weile nochmal Bezug auf das Protokoll und eventuelle Maßnahmen, die Sie aus dem Feedback abgeleitet haben. Denkbar ist auch eine regelmäßige Teilnahme als Gast an Abteilungsbesprechungen in größeren Abständen.

1.3.3 Gründen Sie einen „Runden Tisch"

Runde Tische sind eine hierarchiefreie Option für Beteiligungen.

Sowohl operativer Alltag als auch Veränderungen brauchen die Unterstützung vom Umfeld. Manchmal ist es notwendig, **Richtungsentscheidungen** zu treffen oder Grundsatzfragen zu erörtern, die gemeinsam einen größeren Kreis von internen Kunden betreffen.

Ein Arbeitskreis oder ein Runder Tisch können dazu beitragen, Betroffene zu Beteiligten zu machen, Klarheiten zu schaffen und gemeinsame Kompromisse zu finden. Abgesehen davon, ist es eine sehr professionelle und diplomatische Form der Beteiligung. Die Idee dahinter ist, dass bibliotheksbezogene Themen in einem Kreis von Personen besprochen werden, die nicht hierarchisch miteinander verbunden sind. Die Teilnehmer sollen über Inhalte sprechen, eine beratende Funktion haben, Vorschläge machen können und Entscheidungen sachorientiert vorbereiten. Hier liegt der Schwerpunkt auf Kooperation.

Checkliste: Einen „Runden Tisch" organisieren

Welche Voraussetzungen müssen erfüllt sein?
Damit ein Runder Tisch erstmals einberufen werden kann, ist es nützlich, die übergeordnete Abteilung (Vorgesetzter) von der Idee zu unterrichten und Unterstützung einzuholen.

Warum ein Runder Tisch?
Hier hat die Unternehmensbibliothek die Chance, einen Überblick über den Stand der Dinge, Statistiken, aktuelle Entwicklungen auf dem Informationsmarkt, personelle Veränderungen, eigene Strategien und andere Themen vorzustellen. Hier können auch Vorschläge der Kunden eingebracht und miteinander besprochen werden.

Was ist Gegenstand der Meetings?
Fokussieren ist sinnvoll. Es sollte eine Agenda vorbereitet werden. Es gibt Themen, die unter den Nägeln brennen, diese sollten Priorität haben. Berichte über eigene Leistungen sollten ebenfalls dabei sein, aber nachrangig behandelt werden.

Wer wird eingeladen?
Die Teilnehmer sollten ein repräsentativer Querschnitt aus allen Abteilungen sein, für die Sie Services erbringen. Am besten je ein Vertreter. Sprechen Sie dazu die Abteilungsleiter an und lassen sich einen Teilnehmer von ihnen vorschlagen. Von der Unternehmensbibliothek sollten mindestens zwei Vertreter da sein. Wichtig ist, die Gruppe nicht zu groß werden zu lassen, sonst wird eine Diskussion schwierig.

Was wird von den Teilnehmern erwartet?
Beim ersten Treffen sollten Sie den Wunsch äußern, dass die Teilnehmer Belange ihrer Zielgruppe äußern und vertreten. Umgekehrt könnten die Vertreter der Zielgruppen als Multiplikatoren die Belange der Bibliothek in ihre Abteilungen weitertragen.

Vortrag oder Diskussion?
Unbedingt beides. Einmal werden Sie als Unternehmensbibliothek Themen und Belange in einer Präsentation darstellen. Anders herum sollte immer eine offene Gesprächsatmosphäre herrschen, in der man frei diskutieren kann.

Wo sollte das Meeting stattfinden?
Möglichst in den Räumlichkeiten der Bibliothek oder einem Besprechungsraum in unmittelbarer Nähe, um den Bezug zu den Themen herzustellen.

Wie oft sollte ein Treffen stattfinden?
Höchstens zweimal im Jahr. Das erhöht die Bereitschaft zur aktiven Teilnahme.

Wie lange sollte es dauern?
Maximal eine Stunde, ein kurzes Meeting lässt sich in den Arbeitsalltag einbinden. Die Einladungen sollten vier Wochen vorher verschickt werden. Planen Sie eine Agenda und berücksichtigen Sie dabei Wünsche der Vertreter der Zielgruppen.

Regelmäßig im Dialog bleiben.

Wie sieht die Nachbereitung aus?
Es sollte ein Ergebnisprotokoll mit den wesentlichen Diskussionspunkten, wie auch eine Maßnahmenliste angefertigt werden. Für beschlossene, konkrete Maßnahmen sollten die zuständigen Personen und Termine festgelegt werden. Ermuntern Sie die Teilnehmer, das Protokoll in ihren Abteilungen zu verteilen. Informieren Sie über die Erledigung der Maßnahmen und halten Sie Kontakt.

Die **Erfahrungen** können zeigen, dass die Kunden sich stärker für die Belange der Unternehmensbibliothek interessieren und einsetzen. Die Teilnehmer gewinnen ein Bild für Zusammenhänge, ein Verständnis für die Belange der Serviceabteilung und können bei notwendigen Entscheidungen die Bibliothek als Fürsprecher unterstützen.

1.3.4 Veranstalten Sie einen „Tag der offenen Tür "

Als Beispiel für eine Maßnahme mit Eventcharakter planen wir einen Tag der offenen Tür. Bei den ersten beiden Maßnahmen hat man es mit einer bestimmten Auswahl von Kunden zu tun. Ein Tag der offenen Tür ist eine wunderbare Gelegenheit, den Kollegen und Mitarbeitern uneingeschränkt und zwanglos Zugang zu den Räumen der Unternehmensbibliothek zu ermöglichen. Vielen Mitarbeitern mag die Arbeit der Unternehmensbibliothek eher unbekannt sein. Gestatten Sie einen Blick hinter die „digitalen" Kulissen Ihrer Onlineservices.

Checkliste für einen Tag der offenen Tür.

Wann sollte der Tag stattfinden?
Möglichst nicht während großer Ferienzeiten, auch nicht montags oder freitags. Planen Sie ausreichend Vorlauf für die Vorbereitung und Ankündigung ein.

Wie lange soll er dauern?
Teilzeit- und Vollzeitmitarbeiter sollten jeweils die Chance haben, vorbeizukommen, viele haben Termine. Planen Sie daher mehrere Stunden ein. Der Besucherandrang wird vielleicht eher morgens und um die Mittagszeit stattfinden.

Wie wird die Einladung kommuniziert?
Nutzen Sie alle bekannten Kanälen (Plakate, Rundmails, Infos auf der Webseite etc.) und stimmen Sie die Planung mit dem Management und Runden Tisch ab.

Was wird geplant?
Stellen Sie Ihre Services in den Vordergrund, sei es in Präsentationsform oder im spontanen Gespräch. Lassen Sie sich über die Schulter schauen, wie Ihr Arbeitsalltag aussieht und mit welchen Tools Sie arbeiten. Alle Mitarbeiter der Bibliothek sollten da sein und mitmachen. Verteilen Sie Flyer. Ein kleines Catering (Fingerfood, Getränke) lädt zum Verweilen und zu informellen Gesprächen ein. Schaffen Sie zusätzlich einen Raum für Stehtische oder kleine Sitzgruppen, an denen Sie und Ihre Besucher verweilen und sich austauschen können.

Wie sieht die Nachbereitung aus?
Sammeln Sie Feedback, kommunizieren Sie es anschließend über die bekannten Kanäle. Und denken Sie an Selbstmarketing: die Veranstaltung ist natürlich ein Erfolg!

Die **Erfahrungen** können zeigen, dass Sie ganz unvermittelt Sichtweisen über Ihre Services oder Ihr Image erhalten, die in formellen Zusammenkünften nie geäußert werden. Vor allem, wenn mal die Möglichkeit zum Smalltalk mit Kunden oder Kollegen entsteht. Ein Tag der offenen Tür ist ein wirksames Instrument zum Selbstmarketing.

1.3.5 Konzipieren Sie eigene Informationsmaterialien

Ob es sich um Newsletter, User Guides, Broschüren, Best Practices, oder auch Flyer handelt, Sie konzipieren **kleine Publikationen**, die Sie unter Ihren Kunden verteilen. Diese Kommunikationsformen eignen sich gut für thematisch begrenzte Mitteilungen. Sie zielen nicht darauf ab, unmittelbar Feedback zu erlangen, sondern einzelne Angebote der Bibliotheksservices darzustellen. Ergänzen Sie Ihre kommunikativen Maßnahmen mit kleinformatigen Handouts. Sie lassen sich schnell produzieren und sind gut lesbar. Überlegen Sie, zu welchen Anlässen Sie welche Mitteilungsform wählen. Beispielhaft konzipieren wir hier einen **Newsletter**. Das hier gesagte kann auch für die anderen (gedruckten) Formate gelten, die sich in Umfang und Verteilung ähneln.

Checkliste Informationsmaterialien

Umfang:
Planen Sie maximal ein bis zwei DIN A4 Seiten ein, sofern Sie den Newsletter als PDF konzipieren.

Erscheinungsweise:
Er sollte regelmäßig erscheinen aber nicht zu häufig (bspw. einmal im Quartal). Er sollte eine Nummerierung nach Jahr und Datum oder Erscheinungsnummer enthalten.

Zielgruppen:
Er sollte sich an alle Mitarbeiter wenden. Das ist in größeren Unternehmen vermutlich schwierig. Trotzdem erreichen Sie alle Ihre potentiellen Zielgruppen. Auch die, die eher seltener mit der Bibliothek zu tun haben.

Verteilung:
Es bietet sich ein E-Mail-Verteiler an. Denken Sie dabei an den Pflegeaufwand. Eine Schlussbemerkung, dass der Newsletter an interessierte Mitarbeiter weitergeleitet werden kann, sollte nicht fehlen. Platzieren Sie die letzten Ausgaben auf Ihren Intranetseiten.

Mögliche Inhalte:
Sie können über alle Themen, die mit Ihrem Bereich zu tun haben, berichten. Hier ein paar Ideen:
- Hinweise auf aktuelle Artikel in meistgelesenen Zeitschriften über aktuelle Branchenentwicklungen,
- mit einem Artikel über Trendthemen wie Google, E-Books oder Copyright könnte die Unternehmensbibliothek sich zusätzlich als kompetente Fachabteilung darstellen (bedenken Sie immer das Selbstmarketing),
- platzieren Sie Links zu interessanten Fachinformationen online, neu erworbenen E-Journals oder E-Books,
- berichten Sie von Ihren Veranstaltungen.

Gestalten Sie die Inhalte interessant, vielseitig und kurz. So wecken Sie Neugierde auf bibliotheksrelevante Themen. Es geht nicht so sehr um inhaltliche Tiefe und Genauigkeit, sondern vielmehr darum, die Aufmerksamkeit für die Unternehmensbibliothek herzustellen und den Bekanntheitsgrad zu erhöhen.

Geben Sie immer ein Impressum an, die Namen der Autoren des Newsletters oder nennen Sie den Namen der Abteilung, vielleicht sogar mit Foto, sowie Kontaktdaten für Rückfragen. Ermuntern Sie zum Weiterleiten an interessierte Kollegen.

Gestaltung:
Arbeiten Sie mit einer einheitlichen Gestaltung, um die Wiedererkennbarkeit zu gewährleisten. Der Aufbau der Seiten, die Farben, die Schriftarten, das gesamte Layout können Sie in einem Template vorbereiten. Lehnen Sie sich an die Corporate Identity des Unternehmens an. Alle Unternehmen haben eigene Logos, eine bestimmte Schrifttype und Farben, die man auch im Newsletter verwenden sollte. Das schafft Identität mit dem Unternehmen und sorgt von vornherein für ein professionelles Erscheinungsbild und Akzeptanz unter den Kollegen.

Die **Erfahrungen** haben gezeigt, dass Sie trotz eines großen Verteilers nicht morgen vom Kundenansturm überrannt werden. Durch eine regelmäßige Erscheinungsweise des Newsletters zeigen Sie Präsenz. Der Kunde wird Sie möglicherweise auch zu anderen Themen kontaktieren, weil er im Impressum die Ansprechpartner vorfindet.

1.3.6 Nutzen Sie Social Media?

Ein neu entstehender **Kommunikationskanal** ist Social Media. Dieser wird seit einigen Jahren intensiv diskutiert und wird vor allem im privaten Bereich zunehmend genutzt. Social Media oder auch **Web 2.0** ist ein Sammelbegriff für interaktive und kollaborative Elemente des Internet. Für die Unternehmensbibliothek könnte sich die Frage stellen, ob mit Hilfe von Social-Media-Instrumenten die Kommunikation mit dem Kunden im Unternehmen zusätzlich ergänzt werden kann. Runde Tische und Abteilungsbesprechungen wenden sich ja immer nur an einen ausgewählten Kreis von Personen. Wer hier nicht teilnimmt, ist zunächst von der Diskussion ausgeschlossen. Newsletter oder Flyer werden zwar verteilt, aber kommen sie auch an? Informationen im Unternehmen stecken mitunter in „Silos" und sind für andere Abteilungen nicht transparent. Kommentare und Feedback äußern sich nicht und bleiben somit ungehört.

Web 2.0-Instrumente können möglicherweise die Zusammenarbeit und den Austausch von Wissen intern verbessern. Vor allem wenn es sich um größere Unternehmen mit verstreuten Standorten handelt. Mehr Mitarbeiter könnten ihr Wissen online austauschen, was möglicherweise für alle von Vorteil wäre. Tools, wie ein Who is Who, um Experten im Unternehmen zu finden oder ein internes Wiki, um administrative Prozesse zu erläutern, könnte viel Zeit im Arbeitsalltag sparen. Web 2.0 oder Social Media ist ein Ansatz, der Bibliothekaren, die von ihrer Profession her Informationsvermittler sind, entgegen kommt und einleuchtet.

Der Einsatz von Social Media wird in Unternehmen unterschiedlich gehandhabt. Manche haben dazu eine eigene Policy.

Während Unternehmen Social Media vor allem in der externen, strategischen Kommunikation nutzen, um Marketing über die eigenen Produkte und Feedback von den Käufern zu erhalten, sind viele Unternehmen zurückhaltend, was einen internen Einsatz betrifft. Vermutlich besteht die Sorge, dass ein unkontrollierter Austausch von Wissen über Hierarchien hinweg stattfindet. Die Unternehmenskultur ist also ganz entscheidend, wie offen mit diesem Thema umgegangen wird. Es sollte von der Unternehmensleitung ausdrücklich eine Strategie oder zumindest eine positive Haltung zum Wissensmanagement und dem Einsatz von Web 2.0-Instrumenten geben, sonst haben die besten Ideen keine Chance.

In kleineren Unternehmen ist der Einsatz dieser Tools vielleicht nicht relevant, weil die Zusammenarbeit ohnehin direkter und pragmatischer verlaufen mag. Eine gewisse **kritische Masse** an Teilnehmern ist jedenfalls notwendig, um durch eine ausreichende Beteiligung die größtmögliche „Schwarmintelligenz" zu nutzen. Ein Social-Media-Instrument wird nur erfolgreich sein, wenn sich genügend Mitarbeiter beteiligen. Andernfalls erhält man ein Ungleichgewicht bezüglich der Qualität und Aktualität der Beiträge.

Der Nutzen von Web 2.0-Anwendungen mag ebenso schwer objektivierbar sein, wie Bibliotheksservices auch. Inwieweit Zugriffszahlen, Anzahl von Kommentaren oder Änderungshäufigkeiten eines Eintrages etwas über den Nutzen aussagen, ist schwer einzuschätzen. Zur Verdichtung von Wissen (Info über Info, FAQs) eignet sich eher ein Wiki. Zum Austausch von Ideen und Kommentaren ein Blog oder ein Forum.

Vertiefung zum Thema Social Media im Unternehmenseinsatz:
Selbst wenn das Thema nur eine Randbedeutung in Ihrem Unternehmen hat, könnten Sie sich zur Vertiefung des Themas Gedanken machen.

Prüfen Sie, ob es Ansätze im Unternehmen gibt, offen über den Nutzen nachzudenken. Kontaktieren Sie hierzu die Kommunikationsabteilung und die IT. Versuchen Sie darüber hinaus das Thema in den Gesprächsrunden zur Sprache zu bringen und die Reaktion zu testen. Wie offen ist das Unternehmen, mit Social Media zu experimentieren?

Überlegen Sie, welche Tools in Ihrem Umfeld eingesetzt werden könnten. Folgende Fragen sollte man sich dabei stellen:

Was soll ein bestimmtes Tool erreichen, was bereits vorhandene Anwendungen nicht leisten könnten?

Welche Themen könnten transportiert werden?

Wer sollte sich beteiligen?

Wie groß ist die Zielgruppe (Schwarm)?

Ist die Zielgruppe offen für digitale Kollaboration?

Welche Themen könnten mit Web 2.0-Instrumenten transportiert werden?

Erfahrungen haben gezeigt, dass mitunter sehr sensibel auf dieses Thema im Unternehmen reagiert werden kann. Hier steht nicht immer der Nutzen klar im Vordergrund. Als Unternehmensbibliothek kann man drüber nachdenken, ob sich einige Methoden im kleinen Rahmen (bspw. Literaturempfehlungen) für ein Projekt anbieten würden. Der Einsatz von Social-Media-Instrumenten innerhalb von Unternehmen steckt sicher noch in der Experimentierphase und man wird abwarten müssen, wie die Entwicklung weitergeht.

Literaturhinweise zu Kapitel 1:

Beck, Silke: Event-Marketing in Bibliotheken. - Berlin: BibSpider, 2006
Brockerhoff, Christiane: Erfolgreiche Kommunikation mit Kunden in der Bibliothek. - Berlin [u. a.] : de Gruyter Saur, 2012. - (Praxiswissen)
Bundesdatenschutzgesetz und Gesetze im Internet: http://www.gesetze-im-internet.de/bdsg_1990/index.html (Stand: 22.04.2014)
Franklin, Nicola: Strategic Planning: Providing a Benchmark. - In: Information Outlook, Vol. 17 (2013) Nr. 1, S. 10 ff.
Green, Holly G.: Adapting to the New Strategic Planning. - In: Information Outlook, Vol. 17 (2013) Nr. 1, S. 13 ff.
Jacobs, Anne: Embedded Library / Anne Jacobs. Hrsg. Berufsverband Information Bibliothek / Kommission für One-Person Librarians. - 1. Aufl. - 2013. - (Checklisten ; 38) http://www.bib-info.de/kommissionen/kopl/publikationen/checklisten.html (Stand: 22.04.2014)
King, Emma: Research and information services: Demonstrating commercial relevance. - In: Business Information Review, Vol. 28 (2011), S. 112 ff.
Renn, Oliver [u. a.] : Correspondence: A blueprint for an ideal corporate information centre. - In: Nature Reviews Drug Discovery, Vol. 11 (2012) Nr. 6, S. 497 ff. http://www.nature.com/nrd/journal/v11/n6/pdf/nrd2973-c1.pdf (Stand: 22.04.2014)
Schultz, Volker: Basiswissen Betriebswirtschaft: Management, Finanzen, Produktion, Marketing. - 4., überarb. u. erw. Auflage. - München: Beck, 2011. - (Beck-Wirtschaftsberater im dtv)
Singh, Rajesh: A More Holistic Approach: Strategic Engagement. - In: Information Outlook, Vol. 17 (2013) Nr. 1, S. 16 ff.
Social Media – Eine Herausforderung für Bibliotheken, Politik, Wirtschaft und Gesellschaft / Wolfgang Ratzek [Hrsg.] - Wiesbaden: Dinges & Frick, 2012. - (B.I.T. online – Innovativ ; 39)
St. Clair, Guy: One-person libraries: Aufgaben und Management. - Berlin: Deutsches Bibliotheks-institut, 1998. - (dbi-materialien; 169. – Arbeitshilfen für Spezialbibliotheken; 8)
Stobbe, Antje: Enterprise 2.0: Wie Unternehmen das Web 2.0 für sich nutzen. - Frankfurt am Main: Deutsche Bank Research, 2010. - (Digitale Ökonomie und struktureller Wandel, economics; 78)

2 Das Internet und die Arbeitswelt

Die Digitalisierung in Form von automatisierten Prozessen und Computerarbeit ist heute in alle unternehmerischen Bereiche vorgedrungen. Das Internet hat die Arbeitswelt vieler Branchen und Professionen nachhaltig verändert. Die Informationsbranche befindet sich im Übergang von „print nach online“. Auch die Möglichkeiten von Unternehmensbibliotheken wachsen mit dem technischen Fortschritt und verlangen ganz andere Schwerpunkte. Im Folgenden werden verschiedene Einflussfaktoren des Internet auf die Arbeitswelt untersucht, die Unternehmensbibliotheken und das Verhalten ihrer internen Kunden maßgeblich prägen.

2.1 Aspekte der Automatisierung in Unternehmen

Computergestützte Prozesse und die Benutzung von spezifischer Hardware und Anwendungssoftware sind bei den meisten Unternehmen Standard. Fast jeder Mitarbeiter verfügt heute über einen **PC am Arbeitsplatz**. Der Zugriff aufs Internet kann während der Arbeit jederzeit erfolgen oder punktuell von unterwegs aus mit Hilfe eines Smartphones in der Anzugtasche. Virtuelle Arbeit wird unabhängig vom geographischen Standort aus organisiert. Der dabei anfallende Informationsaustausch findet über E-Mail, in Projektlaufwerken und auf intranetbasierten Plattformen statt. Zur Vereinfachung der Verwaltung hat man viele Prozesse automatisiert und kann diese über elektronische Workflows steuern (u. a. Einkauf, Personalverwaltung). Digitale Formulare ersetzen das manuelle Ausfüllen von Zetteln, die elektronische Aktendokumentation physische Archive. Die Trends auf der aktuellen Hannover Messe 2014 zeigen klar den Weg zur Digitalisierung im Unternehmen und zum vernetzten Arbeiten und prognostizieren die „Industrie 4.0“. Das „Internet der Dinge“, in denen virtuelle und reelle Objekte miteinander verknüpft werden, scheint auf dem besten Weg zu sein.

Text-Mining ist eine automatisierte Analysemethode von Texten mit Hilfe von linguistisch-statistischen Algorithmen.

Inzwischen gehen die Bedürfnisse weit über das bloße Generieren und Archivieren von Daten hinaus. Es wird in entsprechende Technologien investiert, mit deren Hilfe man Datenberge auswertet und Antworten auf Zukunftsfragen sucht. Unternehmen wünschen sich gute und schnelle Marktprognosen, um einen Wettbewerbsvorteil gegenüber der Konkurrenz zu erzielen. Beispielsweise greift man zur Steuerung von Unternehmenszielen auf sogenannte ERP-Systeme zurück (Electronic Resource Planning). Forschungsintensive Unternehmen setzen auf die Auswertung von heterogenen Quellen mittels Algorithmen (Text-Mining, Trend-Mining). Die **Analyse vorhandener Daten** (Big Data) soll neue Erkenntnisse liefern und somit die Leistungsfähigkeit des Unternehmens voranbringen.

Nicht nur die verfügbaren Daten werden vernetzt. Es entstehen **Kooperationen** von Unternehmen mit Forschungseinrichtungen oder externen Partnern und Dienstleistern. Transparenz über die Herkunft der Daten und ihre Verlässlichkeit sind von daher sehr wichtig für geschäftlich relevante Entscheidungen. Die Begriffe „Information“, „Wissen“ oder „Content“ erhalten seit geraumer Zeit eine neue, allgemeinere Bedeutung und haben sich über die Unternehmensgrenzen hinaus in der Umgangssprache eigenständig weiterentwickelt. Unternehmen erkennen mehr und mehr die Notwendigkeit, ihr eigenes und das externe „Wissen“ zu managen und initiieren entsprechende Projekte.

FAQ zum Thema digitales Unternehmen:
Zur Einordnung des eigenen Umfeldes könnten Sie sich zu folgenden Fragen umhören:
- Wie sieht die Strategie des eigenen Unternehmens zur Automatisierung aus?
- Welche administrativen Bereiche wurden bisher automatisiert?
- Gibt es neue Projekte in dieser Hinsicht?
- Von welcher Stelle aus werden entsprechende Projekte initiiert?
- Welche Trendthemen beschäftigen das eigene Haus, welche Kongresse werden zum Thema digitale Organisation von Unternehmen besucht?

2.2 Digitale Informationsangebote und Bibliotheksservices

Was müssen wir uns darunter vorstellen, wenn wir von „digitalen Services einer Unternehmensbibliothek" sprechen? Bibliothekssysteme, die uns bei der Verwaltung der Literatur helfen, sind schon lange im Einsatz. Gemeint sind darüber hinaus digitale Versionen von Büchern und anderen Quellen, die uns über das Internet zur Verfügung stehen. Hybride Bibliotheken, in denen Medien print und online parallel existieren, sind keine Seltenheit. Mit einem „digitalen Service" kann auch eine Onlinebestellung von Medien gemeint sein, die die Versorgung des internen Kunden mit Literatur unabhängig von Standort und Uhrzeit ermöglicht. Viele Zwischenformen sind nebeneinander existent.

2.2.1 Produzenten von digitaler Fachinformation

Digitale Informationsmedien haben das Gedruckte als alleinige Fachinformationsquelle verdrängt. Mitarbeiter nutzen schon jetzt eine Vielzahl von **Online-Quellen** über das Internet. Der Vorteil und Erfolg von webbasierten Büchern, Artikeln, Nachschlagewerken und anderen Fachinformationsquellen liegt im Zugriff über Links – virtuell gesehen egal von wo. Die Funktionalitäten von Browsern sind den Informationssuchenden geläufig. Verschiedene **Produzenten** elektronischer Veröffentlichungen sind der Unternehmensbibliothek bereits aus der physischen Welt bekannt:
- Verlage, Fachgesellschaften, Universitäten, Forschungseinrichtungen,
- Behörden und Ämter, Gesetzgeber, Normengremien,
- Zeitungen und Medienanstalten,
- Fachinformationszentren, öffentliche (Universal-)Bibliotheken,
- diverse fachliche Internetquellen (u. a. Datenbanken, Mailinglisten, Blogs, Diskussionsforen, Twitterkanäle, Facebook),
- Autoren (u. a. Open Access, Self-Publishing, Creative Commons).

Die meisten dieser Produzenten haben bisher Publikationen in **physischer Form** veröffentlicht. Die meisten elektronischen Quellen sind deshalb vom bisherigen physischen Modell abgeleitet und zeigen sich als Webversion oder im PDF-Format. Einige typische Beispiele:
- E-Journals,
- E-Books,
- elektronische Artikel im PDF-Format,
- Nachschlagewerke als online-durchsuchbare Datenbanken.

Zugang zu diesen Publikationen erhält man durch einen direkten Link über das Internet auf die Homepage einer elektronischen Ressource oder über die Plattformen der

Verlage. Die elektronischen Versionen bieten neue Funktionen und damit entsteht für den Nutzer ein Mehrwert gegenüber den Printversionen:
- Anzeige der Texte im HTML und/oder PDF-Format,
- Suchfunktionen über die gesamte Angebotspalette eines Verlages,
- fortgeschrittene Suchmöglichkeiten mit Semantic-Web-Technologien (Suche im Sinnzusammenhang),
- Inhaltsverzeichnisse, Alert-, SDI- und RSS-Dienste,
- Kommentar- und Bewertungsfunktionen,
- Diskussionsschnittstellen mit Autoren (Social-Media-Komponenten),
- Anreicherung mit Animationen (Film- und Bildmaterial),
- sofortiger Download von Artikeln/Abschnitten/Kapiteln.

Solche Mehrwerte haben natürlich auch ihren Preis. Die Medien werden zu verschiedenen **Konditionen** angeboten:
- Kostenpflichtige Lizenz,
- Onlinezugang verbunden mit einem Printabonnement,
- Open Access, Open Data,
- Creative Commons Lizenz,
- umsonst und frei verfügbar.

Die **Kostenstruktur** elektronischer Angebote ist eine völlig andere, als beim Erwerb physischer Medien. Auch hier muss man umdenken. Statt das Eigentum an einer Publikation zu erwerben, die in den Unternehmensbesitz übergeht, werden in der Regel Nutzungsrechte in Form von Lizenzen abgeschlossen. Elektronische Angebote können für Unternehmen wesentlich teurer sein: bei der Ermittlung endgültiger Lizenzkosten wird sowohl die Anzahl der potentiellen Nutzer, als auch die Tatsache, dass es sich um eine **gewerbliche Nutzung** handelt, in die Berechnung einbezogen. Somit können relativ hohe Lizenzgebühren anfallen, die zudem jährlich neu verhandelt werden müssen.

Die **Geschäftsmodelle** der Verlage sind größtenteils traditionell verhaftet, die Preise orientieren sich immer noch an den Printversionen oder sind nur geringfügig günstiger, obwohl bei der Produktion von digitalen Werken Vertriebs- und Herstellungskosten wegfallen. Kommt hinzu, dass auf den Einkaufspreis statt der üblichen 7 % Mehrwertsteuer für digitale Inhalte 19% erhoben werden. Für Institutionen oder Unternehmen, die keine Vorsteuer vom Finanzamt wieder erstattet bekommen, sind das tatsächliche Mehrkosten.

2.2.2 Herausforderungen für digitale Unternehmensbibliotheken

Durch die elektronischen Angebote und Ressourcen entstehen für die Unternehmensbibliotheken **neue Handlungsfelder**:
- Neue Informationsarchitekturen,
- neue Medienformen,
- neue Nutzungsformen,
- neue Nutzungsrechte,
- neue Lizenzmodelle,
- neue Kommunikationsformen zwischen Anbietern und Nutzern,
- neue Schulungsinhalte für den Umgang und Gebrauch von digitaler Information (Informationskompetenz).

Ob die Informationsquelle von einem externen Provider oder von der eigenen Unternehmensbibliothek bereitgestellt wurde, kann der Kunde im Zweifelsfall nicht mehr erkennen. Im Internet bewegt sich der Kunde allein. Dabei wird nicht nach der Herkunft der Quelle gefragt, solange der Zugriff zum gewünschten Inhalt barrierefrei funktioniert. Der Gang in die Bibliothek wird deshalb auch nicht mehr so oft notwendig. Unternehmensbibliotheken sind nun für ihre internen Kunden nicht mehr alleiniger Anbieter und Garant für den Zugang zu Fachinformationen, sondern Teil der kommerziellen Versorgungskette. Hinter den Onlineangeboten wird die Unternehmensbibliothek immer weniger sichtbar.

Aktuelle und zukünftige Kernaufgaben der digitalen Unternehmensbibliothek

Andererseits kristallisieren sich im Umfeld digitaler Informationsangebote **neue Aufgaben** heraus, auf die sich die Unternehmensbibliothek einstellen muss:
- Klassische, digitale und frei verfügbare Publikationen nebeneinander anbieten und den Zugriff organisieren,
- Kriterien für die Auswahl definieren,
- Beratung anbieten, auf welche Quellen Verlass ist,
- Preismodelle vergleichen,
- neue Lieferanten finden und Beziehungen pflegen,
- neue technische Trends erkennen und deren Einsatz für das Unternehmen testen,
- Plattformen für den Zugang zu den eingekauften Ressourcen gestalten,
- Kundenschulungen für die Benutzung der Tools durchführen,
- Kenntnis über die rechtlichen Nutzungsbedingungen digitaler Publikationen erwerben und an die Kunden vermitteln.

Eigentlich hat sich die **Kernaufgabe** von Unternehmensbibliotheken nicht wesentlich verändert: Zugang zu Literatur und Dokumenten herzustellen. Mit dem wachsenden Angebot digitaler Medien gibt es allerdings eine Fülle von Optionen, unter denen man wählen und abwägen muss, welche ins Unternehmen passen. Dies muss die Unternehmensbibliothek leisten.

Strategien zum Umgang mit digitalen Herausforderungen

Dabei haben Unternehmensbibliotheken die besondere Herausforderung, dass sie vieles davon mit **wenig Personal** meistern müssen. Oftmals kommt hinzu, dass sie, wie alle Abteilungen eines Unternehmens, ein knappes Budget zugeteilt bekommen und dadurch ein hoher Kostendruck entsteht. Die Unternehmensbibliothek muss daher eine **Balance** finden, eigene Konzepte und Ideen zu entwickeln, wie sie einerseits die Kosten elektronischer Services im Rahmen hält, und andererseits eine effiziente Informationsversorgung der Mitarbeiter gewährleistet. Hier hilft gesunder **Pragmatismus** und **Flexibilität**:
- Vorhandene Software und Tools nutzen,
- wenig Zeit in die eigene Entwicklung elektronischer Services stecken,
- das Rad nicht neu erfinden: „keep it simple“,
- nachfrageorientiert, d. h. „on demand“ arbeiten,
- Aktivitäten evaluieren und mit Statistiken untermauern.

Die Unternehmensbibliothek muss ihr Portfolio unter diesen Gesichtspunkten managen. Das kann zu Ab- und wieder Neubestellungen in kürzeren Abständen, sogar von einem Jahr zum nächsten, führen. Verlage könnten helfen, durch **flexiblere Geschäftsmodelle** die tatsächlichen Kosten am Nutzen zu orientieren, was mitunter in der Praxis gut funktioniert. Das Informationsangebot wird so dynamischer und je nach Budget, Nachfrage und Nutzung auch die Preise flexibler. Langes Vorhalten oder Archivieren ist in unseren schnelllebigen Zeiten nicht mehr unbedingt gefragt.

Statistiken können helfen, die Nutzung elektronischer Angebote besser zu bewerten. Im Bezug auf Onlineservices könnten folgende **Kennzahlen** wichtig sein:
- Anzahl von Onlinebestellungen,
- Zugriffe auf lizenzierte Medien (E-Journals, E-Books, Datenbanken),
- prozentuale Verteilung der Inanspruchnahme eines Services auf verschiedene Zielgruppen,
- Verteilung der Ausgaben auf Kostenstellen der Kunden,
- Zeitaufwand für Kundenschulungen,
- Anzahl Teilnehmer (Zielgruppen),
- Kosten-Nutzen-Analyse für Lizenzen,
- Zeitaufwand für das Testen von externen Dienstleistungen.

Hinweise auf Kennzahlen zu Onlineservices

FAQ zum Thema Umfang digitaler Services im eigenen Haus. Einladung zur kurzen Überlegung:
- Welche elektronischen Informationsquellen werden bereits angeboten?
- Welche Arbeitsabläufe haben sich im Rückblick dadurch geändert?
- Welche Herausforderungen haben sich durch das elektronische Medienangebot für Ihre Bibliothek ergeben?
- Welche Services werden noch manuell erbracht und könnten eventuell automatisiert werden?

2.2.3 Folgen für die physische Bibliothek?

Die Mischung aus digitalem Informationsangebot und bestehendem Kostendruck wird möglicherweise auch Einfluss auf die räumliche Situation der Bibliothek haben. Büroraum kostet Geld. Die Erfahrungen aus der Praxis haben gezeigt:
- Je größer das digitale Informationsangebot ist, desto weniger wird die Bibliothek aufgesucht,
- es werden weniger Zeitschriften gebunden,
- Printarchive lösen sich aufgrund von elektronischen Archiven auf,
- nur wichtige Bücher stehen als Präsenzexemplare in der Bibliothek,
- veraltete Exemplare werden ausgesondert,
- Printausgaben stehen beim Kunden im Büro – den Standortnachweis erbringt der Katalog,
- der Artikel kommt als PDF per Mail zum Kunden.

Die Kunden gehen uns in der Regel pragmatisch voraus und freuen sich über ein zunehmend elektronisches Angebot. Vereinfacht und beschleunigt es doch ihre tägliche Arbeit. Das lässt beim Management oftmals den Schluss zu, dass man die physische Bibliothek erheblich verkleinern oder ganz auflösen könnte.

Wir müssen angesichts der neuen Tendenzen (mehr online als print) kreativ mit der Frage umgehen, wie sich die Räumlichkeiten der Unternehmensbibliothek neu gestalten lassen. Eine Bibliothek ist viel mehr als nur ein Aufbewahrungsort für Bücher. Die Atmosphäre in einer Bibliothek kann **informellen Informationszugang**, -austausch und Wissensarbeit fördern. Ein Wert, über den zumindest einen Moment lang nachgedacht werden sollte. Hat das Unternehmen sonst einen Ort, an dem sich Mitarbeiter treffen, der angenehmer ist als die Kantine oder ein nüchterner Konferenzraum? Die ansprechende Gestaltung der Bibliothek kann einiges ausmachen, diesen Platz unter den Mitarbeitern beliebt zu machen und Raum für Inspiration oder gedankliche Freiheit zu bieten. Mal raus aus dem Büro, mit einer Tasse Kaffee in der einen und den Unterlagen in der anderen Hand Ruhe zum Ausarbeiten eines

Entwurfes finden oder sich dort mit einem Kollegen besprechen ... wo ist das sonst noch möglich?

Checkliste Räumlichkeiten mit Mehrwert

Hier ein paar Anregungen für eine räumliche Aufwertung der physischen Bibliothek:
- Platz als Schulungsraum nutzen: Beamer, Flipchart, Stühle für Kurzvorträge,
- Präsentationsfläche bieten: zu Artikeln, Fachbüchern, Postern von Managern und Mitarbeitern,
- PCs und W-LAN Zugänge einrichten mit Zugriff zum Intranet/Internet,
- aktuelle Ausgaben von Zeitungen und Top-Zeitschriften der Branche als Printversionen auslegen,
- ein Kaffeeautomat und ein Sofa aufstellen,
- Aufenthalt für Pausen und informelle Treffen bieten,
- die Bibliothek für den Empfang externer Besucher öffnen,
- technische Geräte zentral aufstellen, die von vielen Mitarbeitern gelegentlich genutzt werden.

Aufgabe zur Vertiefung:
Überlegen Sie, auf welche Weise Sie dem Kunden mehr Platz einräumen könnten und dem Management „schmackhaft" machen könnten, die Bibliotheksräume besser zu nutzen.
- Machen Sie ein Brainstorming mit den Teamkollegen,
- präsentieren Sie ihre Ergebnisse den Fürsprechern,
- sammeln Sie Feedback und diskutieren Sie mit dem Management.

Hinweis zur repräsentativen Unternehmensbibliothek

Tipps & Hinweise: die repräsentative Unternehmensbibliothek
Denken Sie daran und erinnern Sie Ihr Management gelegentlich: ein Unternehmen, welches zeigt, dass es Bücher erwirbt und in angemessenen Räumlichkeiten aufstellt, vermittelt Internen und Außenstehenden, dass es Wert auf die Weiterbildung seiner Mitarbeiter legt und darüber hinaus seine hausinternen, fachlich orientierten Experten fördert. Ein (mitunter traditionsbewusstes) Image, welches man manchen Bürogebäuden sogar von außen ansieht: durch große Glasfronten wird ein freier Blick auf eine repräsentative Unternehmensbibliothek gewährt.

2.3 Verhalten und Erwartungen der Kunden

2.3.1 Selbstbedienung: Suche und Zugriff auf Informationen

Nie war der Zugriff auf Informationen aller Art über das Internet **so einfach und so schnell** möglich wie heute. Zusätzlich dazu ist das Angebot an verfügbaren Quellen über das Internet um ein Vielfaches größer geworden und tritt in Konkurrenz (Google) oder Ergänzung (Wikipedia) zu den klassischen Medien. Wo die Grenzen zwischen bereitgestellten Services der Bibliothek und freien Quellen verschwimmen, kann der Weg zur Information auch im Unternehmen ganz unterschiedlich sein. Im Zusammenhang mit dieser Entwicklung kommt es zu einem **Umbruch im Verhalten:** Information wird für jeden jederzeit verfügbar. Sie ist nicht mehr an Hierarchien oder Arbeitszeiten gebunden. Das kann zu einem veränderten Verhalten von Mitarbeitern führen, die sich ständig auf dem Laufenden halten wollen und Informationen immer kritischer beurteilen.

Ein wesentliches Merkmal der Digitalisierung ist das zunehmende Angebot von webbasierten Dienstleistungen im Internet. Die Selbstbedienung ist durch die Entwicklung des World Wide Web beschleunigt und vereinfacht worden. Mehr und mehr

Tätigkeiten können so auf Kunden verlagert werden. Wir können sogar indirekt von **Kundenarbeit** sprechen, mit all ihren Konsequenzen. Wir kennen diese Trends von Online-Bestellungen, Online-Banking, Selbstausleihe in der Stadtbibliothek und der elektronischen Steuererklärung. Der Kunde findet sich inzwischen auf fremden Plattformen zurecht, hat den Umgang mit Passwörtern erlernt, schafft sich seine eigene **digitale Arbeitsumgebung** und informiert und versorgt sich selbst.

Jeder wird also zum aufgeklärten und aktiven Kunden, der technologisch immer kompetenter wird und ständig dazu lernt. Er verlangt nach **Personalisierung**, um sich seine virtuelle Umgebung zu gestalten („My" und „i-"). Er ist inzwischen gewohnt, Empfehlungen von Recommender-Systemen zu bekommen („Kunden, die dies kauften, haben auch das gekauft"). Suchmaschinen erkennen seine Vorlieben und bieten automatisch Links an, die er schon einmal angeklickt hatte oder die ihn interessieren könnten. Die Suchmaschine schlägt ihm ein Suchwort vor, während er beginnt, einen Begriff in das Suchfeld zu tippen. Die Maschinen scheinen mitzudenken und dem Kunden die Arbeit zu erleichtern.

Bei der Suche nach Informationen ist die Neigung weit verbreitet, schnell im Internet (damit meinen viele Google) zu recherchieren. Das trifft in der Regel auf alle Mitarbeiter zu, den Bibliothekar eingeschlossen. Man möchte gerne mit einer einfachen und einmaligen Suche alle relevanten Resultate auf einer Oberfläche angezeigt bekommen – die Technologie dahinter darf gerne komplex sein und auch anspruchsvolle Suchfragen beantworten. Trotz aller Skepsis, ob die angezeigte Information tatsächlich relevant oder verlässlich ist, muss man feststellen, dass sich eine **Routine** herausgebildet hat, selbst etwas „online nachzuschlagen". Das Internet ermöglicht, sich zunächst einen Überblick über eine Fragestellung zu verschaffen und die Ergebnisse auch zu bewerten. In vielen Fällen kann man einfache Fragen schnell und zur eigenen Zufriedenheit beantworten. Das Nachschlagen in einem Buch ist für das schnelle Informieren nicht mehr unbedingt notwendig. Schon gar nicht, wenn man mit einem Smartphone unterwegs ist.

Anders sieht es bei komplexeren oder gezielten Fragestellungen aus. Hier reicht eine einfache Suche im Internet nicht aus. Die Überflutung mit Information ist zu groß. In diesen Fällen ist die Bereitschaft der Experten im Unternehmen vorhanden, für wirklich relevante und hochwertige Inhalte verlässliche Quellen zurate zu ziehen oder auf die Fachkenntnis von Info-Profis zurückzugreifen. Mit dem steigenden Wunsch nach mehr Informationsqualität steigt sogar die **Zahlungsbereitschaft** für Online-Content (laut einer Presseinformation von TNS Infratest vom 2. Juli 2013). Vielleicht zeigt uns das Beispiel einen Bewusstseinswandel, dass die Nutzer von Informationen sehr wohl zwischen den Gratisangeboten und qualitativ verlässlichen Informationen unterscheiden können.

Man muss sich die Frage stellen und beantworten: Folgt die Digitalisierung der Bibliotheksservices also nicht einfach einem ganz normalen Trend? Drängen uns nicht sogar die Kunden, ihnen zu folgen? Es scheint ein Paradigmenwechsel stattzufinden, dass die Kunden uns aktiv vorleben, auf welche Weise, auf welchen Plattformen und mit welchen Tools sie digitale Services optimal selbst nutzen wollen. Gehen wir mit!

2.3.2 Herausforderungen für Unternehmensbibliotheken

Man kann nicht alles anbieten, was die Kunden wünschen. Aber wir sollten den Trends folgen und nach neuen Möglichkeiten suchen, die Information zum Kunden zu bringen. Möglicherweise wird der „Kollege Kunde" das zunehmend automatisierte Angebot als Teil der Unternehmensstrategie verstehen und akzeptieren. Vielfach hört man von der Sorge, die Bibliotheken könnten aufgrund der elektronischen Angebote überflüssig werden. Aber das, was die Unternehmensbibliothek von externen Dienstleistern und ihren Plattformen immer noch maßgeblich unterscheidet, ist
- die Zugehörigkeit zum Unternehmen,
- die Verpflichtung für die Ziele des Unternehmens zu arbeiten,
- das Wissen über interne Rahmenbedingungen,
- die Verbundenheit mit den internen Kunden als Kollegen,
- die Vertretung der Interessen des Unternehmens gegenüber Anbietern.

Inhaltlich fundierte Kommunikation über digitale Fachpublikationen und ihre Benutzung ist durch keine Maschine zu ersetzen und meiner Meinung nach ein gutes Beispiel für einen **Mehrwert**, den eine Unternehmensbibliothek in digitalen Zeiten bieten kann. Schließlich wollen Sie, dass der Kunde sieht, wer für ein Angebot verantwortlich ist, und dass er mit verlässlichen Quellen arbeiten kann. Umgekehrt müssen Sie Kanäle schaffen, über die Sie etwas über Ihre Kunden erfahren, weil sonst die persönlichen Gespräche zwischen Bibliothek und Kunde durch das zunehmend virtuelle Angebot immer weniger werden (vgl. hierzu auch Kapitel 1.3).

Hier ein paar Anregungen:
- Laden Sie die internen Kunden zu Infoveranstaltungen über Fachthemen und -information ein,
- fördern Sie aktiv die Kommunikation unter Kollegen,
- informieren Sie über technologische Neuerungen,
- laden Sie zur Diskussion über Trendthemen ein: Social Media, Google Books u. ä.,
- leisten Sie persönlichen Helpdesk am Telefon: hier hängt der Kunde nicht in der Warteschleife,
- schulen Sie Kunden an ihrem eigenen Arbeitsplatz,
- benennen Sie feste Ansprechpartner für spezielle Fragen.

Sie als Unternehmensbibliothek sind der erste, zuständige Ansprechpartner für Ihre internen Kunden.

Aufgrund der neuen Zugangsplattformen zu Onlineservices (Verlage und Provider) entsteht eine **direkte Schnittstelle** zwischen externen Anbietern im Internet und dem internen Kunden. Es besteht durchaus die Möglichkeit, dass eine Kommunikation zwischen Anbieter und Kunden an der Unternehmensbibliothek vorbei stattfindet. Dennoch: sorgen Sie dafür, dass die Unternehmensbibliothek darüber informiert bleibt. Schließlich ist sie für das Angebot verantwortlich und bleibt damit erster Ansprechpartner. Klarheit über Zuständigkeiten ist eine wichtige Orientierung.
- Sorgen Sie dafür, dass Sie als Unternehmensbibliothek der erste, zuständige Ansprechpartner für Ihre internen Kunden sind und bleiben,
- setzen Sie Ihr Management darüber in Kenntnis und bitten Sie um hausinterne Kommunikation, Sie allein kennen und vertreten die interne Sicht und die Interessen des Unternehmens,
- verknüpfen Sie das externe Angebot mit dem internen, platzieren Sie dort Logos des Unternehmens und Links zu Ihrem Intranet, wann immer dies auf Plattformen der Anbieter möglich ist,

– bitten Sie die Verlage, falls diese Rückfragen von Ihren internen Kunden erhalten, dies an die Unternehmensbibliothek weiterzugeben.

2.4 Umgang mit Copyright

„Urheberrechte sind ‚Benutzungsrechte' der digitalisierten Bibliothek" Eric W. Seinhauer.

Spricht man über digitale Services, muss man im gleichen Atemzug das Copyright oder Urheberrecht erwähnen. Eric W. Steinhauer spricht beim Urheberrecht sogar vom „Benutzungsrecht der digitalisierten Bibliothek" – und trifft damit den Nagel auf den Kopf. Anders als bei der Nutzung gedruckter Kopien werden bei digitalen Publikationen **Nutzungsrechte** mit einer Lizenz erworben. Vorgänge, wie sie im normalen Arbeitsalltag überall im Unternehmen vorkommen (kopieren, herunterladen, speichern, weiterleiten), sind so ohne weiteres nicht erlaubt. Wenn Unternehmen einerseits Wert darauf legen, dass man ihre eigenen Produkte, Patente oder das geistige Eigentum schützt und respektiert, so sollte auch der rechtskonforme Umgang mit geistigen Schöpfungen anderer Urheber selbstverständlich sein. Urheberrechtskonformes Verhalten sollte von daher ebenso selbstverständlich sein wie der Umgang mit anderen Gesetzen. Dies versteht man unter anderem unter dem Begriff **„Compliance"**.

2.4.1 Wozu Urheberrechte gut sind

Das Urheberrechtsgesetz regelt den **Schutz des geistiges Eigentums** (Urheberschaft). Sobald eine geistige Schöpfung vorliegt, also ein Werk geschaffen ist, gilt es sofort und bedarf keiner Anmeldung oder Genehmigung, wie es bei Patenten der Fall ist. In Deutschland beträgt die Schutzfrist 70 Jahre nach dem Tod des Urhebers. Darüber hinaus regelt das Urheberrecht auch die Nutzungsformen, also die Verwertung einer geistigen Schöpfung. Vereinfacht gesagt regelt es **ideelle und ökonomische Rechte**. Das ideelle Recht beinhaltet, den Autor (Urheber) zu respektieren, namentlich zu nennen und den Inhalt seines Werkes nicht zu verändern. Diese Rechte sind unveräußerlich. Die ökonomischen Rechte beziehen sich auf die Bearbeitung eines Werkes (bspw. Übersetzung) sowie das Vervielfältigen, also das Anfertigen und Verbreiten von Kopien (vgl. § 53 ff. des UrhG – Gesetz über Urheberrecht und verwandte Schutzrechte, siehe Anhang zu Internetlinks). Ökonomische Rechte, die sich aus der Verwertung ergeben, werden u. a. mit Lizenzen geregelt und können entgeltlich erworben werden.

Das Urheberrecht schützt alle Arten von geistigen Schöpfungen, wie beispielsweise Werke aus Literatur, Musik, Kunst, Bilder, Filme - und das in jeglichem Format, analog und digital. In unserem Fall konzentriert sich die Aufmerksamkeit auf Publikationen, üblicherweise von Verlagen (Bücher, Zeitschriften, Zeitungen u. a.) und Inhalte aus dem Internet.

Unternehmen verfolgen immer „gewerbliche Zwecke" – auch bei der Nutzung von Literatur.

Unternehmen, die global agieren, müssen unter Umständen verschiedene Gesetze der Länder berücksichtigen, in denen sie Standorte haben. Das Rechteverständnis in den USA ist beispielsweise anders ausgeprägt als in Deutschland. Das kommt bereits beim Begriff „Copyright" zum Ausdruck. Hier steht nicht wie bei uns der „Urheber" eines Werkes im Vordergrund, sondern die „Kopie", also die Vervielfältigung oder Verwertung (oder Benutzung) eines Werkes und die damit verknüpften rechtlichen Auflagen. Natürlich sind auch hier die ideellen Werte (Urheberschaft des geistigen Schöpfers) geschützt.

Aufgrund der Tatsache, dass Unternehmen **gewerbliche Zwecke** verfolgen, ist es bei der Nutzung digitaler Publikationen unbedingt erforderlich, die Nutzung rechtssicher zu ermöglichen. Dies ist über das allgemeine Urheberrecht nicht abgedeckt und es bedarf konkreter Vereinbarungen mit den Rechteinhabern.

Werden Rechte missachtet, kann das mitunter erhebliche finanzielle Folgen haben. Beispiele von Rechtsstreitigkeiten in den USA haben gezeigt, dass beim Nutzen von Artikelkopien ohne Genehmigung des Urhebers Klagen mit hohen **Schadensersatzforderungen** erhoben werden können (nachzulesen bei Copyright and Fair Use, Stanford University Libraries, vgl. Internetlinks im Anhang). In der Regel wird im Streitfall analysiert, welchem Zweck die Nutzung diente (privat oder gewerblich), welchen Umfang sie hatte (Auszug oder das ganze Werk) und welchen moralischen oder wirtschaftlichen Schaden der Nutzen verursacht hat.

2.4.2 Wer erlaubt, was gefällt?

Urheberrechte gelten allgemein für kreative Inhalte aller Art. Haben Unternehmen **Lizenzverträge** mit Verlagen (Informationsproduzenten) abgeschlossen, regeln diese, was der Lizenznehmer mit den jeweiligen Inhalten tun darf und was nicht. Mitarbeiter wissen oft nicht, ob und wann Urheberrechte berührt werden, wenn sie mit Kollegen auf digitalem Weg Informationen austauschen. Die digitalen Arbeitsmittel machen es uns ja sehr einfach, schnell das PDF eines Artikels oder Teile eines Webseiteninhaltes per „copy and paste" weiterzuleiten.

Wie können digitale Kopien entstehen?

Was ist mit „Kopie" gemeint? Wir denken vielleicht an eine Situation, in der wir mehrere Seiten eines Buches auf einen Fotokopierer legen und auf Papier vervielfältigen. **Digitale Kopien** von Dokumenten können aber auch auf ganz andere Weise entstehen: beim Erstellen eines PDFs oder Bildes (zum Beispiel durch Einscannen), beim Downloaden, beim Anzeigen auf dem Bildschirm, beim Weiterleiten oder Verteilen (zum Beispiel per E-Mail), beim Ausdrucken, beim Projizieren per Beamer in einer Besprechung. Also müsste streng genommen jede dieser Handlungen rechtlich abgesichert sein.

Selbst wenn Verlage auf die **Einhaltung der Nutzungsrechte** großen Wert legen, kommunizieren sie diese nicht immer sichtbar genug auf den Publikationen oder Plattformen. Je nachdem, welche Verträge ein Unternehmen abgeschlossen hat, können die vereinbarten Nutzungsrechte von Verlag zu Verlag verschieden sein. Oftmals sind die Rechte in den Verträgen in der Rubrik „Terms of Use" oder „Terms and Conditions" zu finden, die natürlich nicht jeder Kunde kennt, bevor er einen Artikel nutzen möchte (näheres zu Inhalten von Lizenzverträgen finden Sie in Kapitel 4.3). Nur die Rechteinhaber (Verlage u. a.) sind in jedem Fall diejenigen, die Nutzungsrechte im Einzelfall einräumen können.

Bei der Bestellung und Lieferung von Zeitschriftenartikeln über einen Dokumentlieferdienst, ist in der Regel nur die Übertragung des (gedruckten) Artikels in elektronischer Form (nämlich per Mail als PDF) erlaubt, nicht aber die Speicherung und Weiterverteilung des PDF-Artikels (näheres dazu finden Sie in Kapitel 5.1).

Verwertungsgesellschaften vertreten Rechte von Autoren und Verlagen in fast jedem Land der Welt.

Neben einzelnen Lizenzverträgen mit Verlagen für Abonnements, können Unternehmen in Deutschland mit der Verwertungsgesellschaft Wort (VG Wort) und Rights Direct, einem Vertriebspartner der Verwertungsgesellschaft Wort, eine „VG Wort Digital Copyright Lizenz" abschließen (vgl. Anhang Internetlinks). Die Idee dahinter ist, dass das Unternehmen über eine Lizenz bei **gelegentlichem Bedarf** mit einer rechtlich einwandfreien Kopie arbeiten und dies auch nachweisen kann. Die Rechte aus dieser Lizenz beinhalten zum Beispiel die Möglichkeit der Weitergabe von Dokumentenkopien an Kollegen, das Speichern in internen Laufwerken oder in unternehmensinternen Literaturverzeichnissen.

Es ist notwendig, die Entwicklungen auf diesem Gebiet im Auge zu behalten. Spätestens dann, wenn man die ersten Online-Publikationen im Unternehmen freischaltet (siehe auch Kapitel 7.4 zu Qualifikationsmöglichkeiten). Holen Sie sich rechtliche Beratung für Ihre Fragen ein und gehen Sie sensibel mit dem Thema um.

Entwicklungen beim Urheberrecht fortwährend im Auge behalten.

2.4.3 Was bedeutet Open Access oder Creative Commons?

Digitale Möglichkeiten schaffen neue Räume für neue **Publikationsmodelle**, vor allem über das Internet. Vielfach begegnen uns elektronische Formen von Publikationen, die mit den Begriffen Open Access gekennzeichnet sind. Gelten hier andere Regeln?

Open Access bedeutet erst einmal nur **offener Zugang**. Wir haben also die Möglichkeit, auf ein elektronisches Werk zuzugreifen, für das wir keine Genehmigung, keine Lizenz oder keine Gebühren zahlen müssen, nicht mehr und nicht weniger. Sogenannte Open-Access-Verlage haben ein anderes Geschäftsmodell als die etablierten Verlage. Sie vereinbaren mit den Autoren, dass diese für die Kosten der Veröffentlichung einmalig aufkommen und dann das Werk frei über das Internet zugänglich machen – für jedermann. Viele Verlage öffnen den Zugang zu ihren Publikationen nach einer kostenpflichtigen Frist von 12 oder 18 Monaten nach Erscheinen oder bieten ebenfalls ein Open-Access-Modell an. Dennoch gelten hier die gleichen Urheberrechte bei der Respektierung des geistigen Eigentums, wie bei der Nutzung von herkömmlich publizierten Werken. Nur weil der Zugriff umsonst ist, bedeutet „Offen" nicht, dass jede Form der Nutzung auch erlaubt ist. Im Zweifelsfall ist es immer ratsam, zu prüfen, wer die Publikation im Internet veröffentlicht hat. Wenn man einen bestimmten Nutzungswunsch hat, und sich nicht im Klaren darüber ist, ob dies im Rahmen des eingeräumten Rechts erlaubt ist, sollte man den Rechteinhaber, Verlag oder Autoren kontaktieren.

Open Access ist eine Art Graswurzelbewegung der Wissenschaft für einen offenen Zugang zu wissenschaftlichen Publikationen, die mit öffentlichen Geldern bezahlt wurden.

Eine Besonderheit sind die **Lizenzen von Creative Commons**. Es gibt Autoren, die ihre digitalen Werke damit kennzeichnen und dem Nutzer eine bestimmte „Lizenz" selbst einräumen. Die Idee dahinter ist, dass nicht nur allgemeinverbindliche, rechtliche Rahmenbedingungen, sondern der Autor oder Urheber selbst bestimmen kann, wie sein digitales Werk genutzt werden darf. Zumeist sind diese Werke auch noch „open access", und insofern frei verfügbar im Internet.

Creative Commons (CC) ist eine Non-Profit-Organisation. Die Rechteeinräumung von Autoren kann soweit gehen, dass sie die kreative Weiterverwendung von Inhalten aus ihren Bildern, Filmen oder Texten erlauben. Die Lizenzen sind durch einen „Code" gekennzeichnet, der den Umfang des Erlaubten näher beschreibt und teilweise über die bekannten Möglichkeiten des Urheberrechts hinausgeht. Die gängigen **CC-Codes** definieren beispielsweise, dass der Autor erlaubt, das Werk zu zeigen, zu verteilen, zu kopieren, aber nur, wenn der Autor als solcher zitiert und genannt wird (BY). Der Code (NY) besagt, dass dies ausschließlich für nicht-kommerzielle Zwecke erlaubt ist. Wer nicht will, dass sein Werk bearbeitet wird, verwendet den Code (ND). Eine gute Übersicht über die Lizenzen bietet die Webseite von Creative Commons (vgl. Anhang Internetlinks).

2.4.4 Rolle der Unternehmensbibliothek

Unternehmensbibliotheken können keine Rechtsberatung bieten, sondern nur über die Bedingungen aufklären und sensibilisieren.

Unternehmensbibliotheken beschäftigt das Thema Urheberrecht schon lange, spätestens seit die ersten E-Journals auf den Markt kamen und die Bestellung von Artikelkopien plötzlich über das Internet ermöglicht wurden. Als Literaturversorger des Unternehmens fühlen sie sich verpflichtet, sich zu informieren und eingehend mit den Nutzungsrechten gedruckter und jüngst vor allem digitaler Publikationen auszukennen. Sie sehen täglich, was ihre internen Kunden brauchen und mit welchen Informationsquellen sie arbeiten. Jetzt fühlen sich die Unternehmensbibliothekare auch verpflichtet, für Aufklärung zu sorgen. Ein Auto fahren zu können reicht nicht, man muss auch die **Verkehrsregeln** beachten.

Unternehmensbibliotheken können eine umfängliche Rechtsberatung im Einzelfall nicht ersetzen. Dies sollten sie auch nicht versuchen. Dafür gibt es Fachanwälte. Es geht eher darum, Aufklärung zu betreiben, um bei den Mitarbeitern ein Bewusstsein dafür zu schaffen, sich beim Umgang mit Publikationen regelkonform zu verhalten. Hilfreich ist es, hierzu Grundregeln zu formulieren und zu kommunizieren (Stichwort Compliance).

Checkliste Transparenz über Regeln herstellen

Schritt 1: Analysieren Sie die Regeln

- Klären Sie, welche allgemeinen Regeln aus dem Urheberrecht für Ihr Unternehmen gelten,
- analysieren Sie, was in Lizenzverträgen geregelt ist, die Ihr Unternehmen für den Zugang zu digitalen Publikationen abgeschlossen hat,
- klären Sie, welche Open-Access-Publikationen genutzt werden und welche Nutzungsrechte hier gelten,
- beschaffen Sie sich die „Terms and Conditions“ oder „Rights of Use“ oder Nutzungsrechte der Verlage.

Schritt 2: Schaffen Sie Transparenz

Legen Sie eine Liste an. Spalte links listet alle Rechte auf. Die waagerecht folgenden Spalten listen die Verlage auf. Nun können Sie bei der Auswertung der „Nutzungsrechte“ Kreuzchen machen oder Ja/nein einfügen. Diese Liste lässt sich beliebig nach unten und nach rechts erweitern und ergänzen. Sind Publikationen in Ihrem Portfolio, die Open Access sind oder sogar eine Creative-Commons-Lizenz beinhalten? Nehmen Sie auch hier die entsprechenden Rechte in die Liste mit auf.

Beispiel für das Schema eine Rechte-Tabelle:

Rechte	Verlag 1	Verlag 2	Verlag 3
Downloaden	x	x	x
Speichern		x	
Weiterleiten	x		

Die Klärung von Rechten und Nutzungswünschen im Vorfeld ist wichtig, wenn Sie mit Verlagen verhandeln wollen. Dazu finden Sie weitere Informationen und Checklisten in Kapitel 4.3.

2.4.5 Kommunikation über Urheber- und Nutzungsrechte

Dialog über Rechte

Kommunikation ist in alle Richtungen erforderlich. Von Ihnen zum Kunden, von Ihnen zu den Chefetagen, von Ihnen zu den Verlagen. Sie sind als Unternehmensbibliothek der kommunikative Kanal, der die Sicht der Nutzer und der Verlage kennt. Sie beraten und vermitteln. Diese **Vermittlerrolle** ist nicht immer schön, schon gar nicht, wenn man Unangenehmes verkünden muss, wie „Sie dürfen den Artikel nicht weiterleiten". Diplomatie und Verständnis sind notwendig.

Vereinbaren Sie einen Termin mit der Rechtsabteilung oder der Rechtsberatung Ihres Unternehmens und Ihrem Vorgesetzten. Erläutern Sie die Situation, und warum man im Unternehmen ein gemeinsames Verständnis für den regelkonformen Umgang mit Publikationen benötigt.

Tipps zur Vermittlung von **Compliance** in diesem Bereich:
- Führen Sie sich vor Augen, in welchen Bereichen Ihr Unternehmen Gesetze einhalten muss, die jedem Mitarbeiter bekannt sind. Nehmen Sie daraus bekannte Beispiele und ziehen Parallelen zu urheberrechtlichen Regelungen.
- Schaffen Sie ein Bewusstsein dafür, dass in Ihrem Unternehmen der Umgang mit Urheberrechten regelkonform wird. Sensibilisieren Sie!
- Erläutern Sie, dass die Nutzung von Literatur gebührenpflichtig ist. Informationen kosten Geld.
- Führen Sie vor Augen, dass bei Nichtbeachtung der Rechte Schadensersatzforderungen drohen könnten, die erheblich höher sind, als die Kosten für eine Dokumentenlieferung – vom einem möglichen Imageschaden mal ganz abgesehen!

Checkliste Copyright-Richtlinie

Erstellen Sie eine Copyright-Richtlinie:
Versuchen Sie eine Copyright-Richtlinie für Ihre Kunden zu formulieren. Berücksichtigen Sie dabei, wie Ihre Kunden mit der Literatur arbeiten.
- Erläutern Sie, wozu das Urheberrecht gut ist,
- nennen Sie häufige Nutzungsformen von Literatur, wie sie in Ihrem Unternehmen vorkommen,
- beziehen Sie dabei digitale Arbeitsweisen Ihrer Kunden ein, falls es standortübergreifende Teams, E-Rooms, gemeinsame Projektlaufwerke u.ä. gibt, nennen Sie hierzu urheberrechtskonformes Verhalten,
- sagen Sie, was erlaubt ist,
- sagen Sie, was ausdrücklich nicht erlaubt ist,
- nennen Sie rechtliche Ausnahmen, z.Bsp. im Fall von behördlichen Auflagen,
- verweisen Sie darauf, dass im Zweifel der Inhaber der Rechte zu konsultieren ist,
- Stimmen Sie die Richtlinie mit ihren Vorgesetzten, der Rechtsabteilung und dem Runden Tisch ab.

Die verabschiedete Richtlinie sollte stets durch die Unternehmensleitung an alle Mitarbeiter kommuniziert und zur Einhaltung angehalten werden.

Überlegen Sie, über welche **Kanäle** oder Intranetseiten diese Informationen verbreitet werden können. Gibt es schon Instrumente, die über Regeln informieren? Manche Firmen verwenden E-Learning Module zur Schulung von Mitarbeitern am Arbeitsplatz. Vielleicht lässt sich ein Onlinekurs zum Urheberrecht konzipieren? Auf jeden Fall sollte diese Information in der Bibliothek ausliegen und auf den Webseiten der Unternehmensbibliothek gut sichtbar eingestellt werden. Bieten Sie sich als Ansprechpartner für Urheberrechtsfragen an. So können Sie etwas über die Nutzungswünsche Ihrer Kunden erfahren.

Überlegen Sie, **wie und in welcher Form** diese Informationen verbreitet werden können (Flyer, Poster im Kopierraum, Plakat im Fahrstuhl). Nutzen Sie auch Ihre internen „Runden Tische“ zur Verbreitung.

Sie kennen die Nutzungswünsche Ihrer Kunden. Machen Sie eine Liste und bringen Sie diese bei den Verhandlungsgesprächen mit den Verlagen ein. Vielleicht können Sie im ein oder anderen Fall ein neues Nutzungsrecht in einen Lizenzvertrag einbinden (siehe Kapitel 4.3).

FAQ zum Thema Copyright Compliance:
Gehen Sie folgenden Fragen in Ihrem Unternehmen nach:
- Wie geht man in Ihrem Unternehmen mit dem Thema Compliance um?
- Gibt es bereits Richtlinien zum Umgang mit urheberrechtlich geschützten Materialien?
- Was weiß die Rechtsabteilung oder Rechtsberatung des Unternehmens darüber?
- Gibt es bereits Regeln zum Schutz des unternehmenseigenen Know-Hows, auf die man sich beziehen kann?

Literaturhinweise zu Kapitel 2:

Der arbeitende Kunde: wenn Konsumenten zu unbezahlten Mitarbeitern werden. - Gerd Günter Voß und Kerstin Rieder. - Frankfurt [u. a.]: Campus, 2005

Ball, Rafael: Was von Bibliotheken wirklich bleibt: das Ende eines Monopols; ein Lesebuch. - Wiesbaden: Dinges & Frick, 2013. - (B.I.T. online – Innovativ ; 45)

Bibliothekare ohne Bibliothek? Zur Situation der Pharmabibliotheken / Marianne Gretz und Sascha Höning. - In: GMS Medizin – Bibliothek – Information, Vol. 11 (2011) Nr. 1-2:Doc07 http://www.egms.de/static/de/journals/mbi/2011-11/mbi000222.shtml (Stand: 22.04.2014)

Bibliotheksurheberrecht: Ein Lehrbuch für Praxis und Ausbildung / Katja Bartlakowski; Armin Talke und Eric W. Steinhauer. - Bad Honnef: Bock + Herchen, 2010

Digitale Bibliotheken: Informatik-Lösungen für globale Wissensmärkte / Albert Endres und Dieter W. Fellner. - 1. Aufl. - Heidelberg : dpunkt-Verl., 2000. - (Datenbanken & Informationssysteme)

Handbuch Bibliothek 2.0 / hrsg. von Julia Bergmann und Patrick Danowski. - Berlin [u. a.]: de Gruyter Saur, 2010. - (Bibliothekspraxis; 41)

Hannover Messe 2014: Industrie 4.0 dank der Fabrik der Zukunft. - Heise Online Newsticker, 06.04.2014. - Permalink-URL: http://heise.de/-2164462 (Letzter Zugriff am 22.04.2014)

Mit steigender Informationsqualität steigt auch die Zahlungsbereitschaft für Online-Content : TNS Infratest Befragung zur Informationsqualität von fünf Mediengattungen im Fünf-Jahres-Vergleich / 63 Prozent schätzen gut recherchierte Informationen. - Pressemitteilung von TNS Infratest vom 02.07.2013. http://www.tns-infratest.com/presse/presseinformation.asp?prID=3232

Norman, Sandy: Practical copyright for information professionals: the CILIP handbook. - London: Facet Publ., 2004

Praxishandbuch Bibliotheks- und Informationsmarketing / Hrsg. Ursula Georgy und Frauke Schade. - Berlin [u. a.]: de Gruyter Saur, 2012. - (Praxishandbuch)

Schaefer-Rolffs, Aike: Hybride Bibliotheken: Navigatoren in der modernen Informationslandschaft: Strategien und Empfehlungen für Bibliotheken / Informationsexperten. - Berlin: Simon Verl. für Bibliothekswissen, 2013

Steinhauer, Eric W.: Das Urheberrecht als Benutzungsrecht der digitalisierten Bibliothek. - In: Die Digitale Bibliothek: Jahrbuch der Internationalen Buchwissenschaftlichen Gesellschaft / Hrsg. Christine Haug. - Wiesbaden: Harrassowitz, 2011. - S. 103 ff.

Sühl-Strohmenger, Wilfried: Digitale Welt und Wissenschaftliche Bibliothek – Informationspraxis im Wandel : Determinanten, Ressourcen, Dienste, Kompetenzen; eine Einführung. - Wiesbaden: Harrassowitz, 2008. - (Bibliotheksarbeit ; 11)

Tochtermann, Klaus: 10 Thesen zum zukünftigen Profil von wissenschaftlichen Informationsinfrastruktureinrichtungen mit überregionaler Bedeutung. - ZBW Mediatalk, 2013 http://www.zbw-mediatalk.eu/2013/08/klaus-tochtermann-zehn-thesen-zum-zukunftigen-profil-von-wissenschaftlichen-informationsinfrastruktureinrichtungen-mit-uberregionaler-bedeutung/ (Stand: 22.04.2014)

3 Projektmanagement digitaler Services

Unternehmen stellen sich im digitalen Umfeld zunehmend projektorientiert auf. Die Implementierung elektronischer Anwendungssysteme oder Datenbanken zur Unterstützung von Arbeitsabläufen werden in der Regel in Kooperation zwischen der Unternehmensbibliothek und der IT durchgeführt. Sie müssen in die IT-Infrastruktur und Netzwerkumgebung des Unternehmens passen. Egal, ob Sie selbst eine Datenbank konzipieren oder ob sie einen externen Service beauftragen, der diese Leistung erbringt, Sie werden in jedem Fall **mit der internen IT-Abteilung kooperieren**. Projekte können aufgesetzt werden, wenn etwas gänzlich Neues entstehen soll oder auch, wenn ein umfangreicheres Upgrade eines Systems geplant ist. Manche Unternehmen sprechen explizit von „Projekten", andere nicht. Die Abläufe dahinter dürften sich aber immer ähneln.

Projekte sind demnach im innerbetrieblichen Sprachgebrauch Vorgänge, die
- außerhalb oder neben der täglichen Routinearbeit anfallen,
- ein bestimmtes Ziel oder Ergebnis haben,
- einen definierten Beginn, eine Durchführung und ein Ende haben,
- einen bestehenden Mangel (bspw. an Ressourcen) beheben,
- die Veränderung einer bisherigen Arbeitsweise zur Folge haben.

Bei aller Begeisterung, die eine neue Methode, ein neues Tool oder ein Datenbankprojekt mit sich bringt, denken Sie kurz über diesen Satz nach: „Never touch a running system!" Wenn etwas läuft, braucht es dann immer und unbedingt eine Veränderung? Sicher ist das eine Frage der Innovationsfreudigkeit des Unternehmens (siehe dazu auch Kapitel 1.1.2) oder auch der Sachzwänge, ob Sie ein Projekt starten.

Aber bevor Sie loslegen, ist eine **gründliche Überlegung** zu folgenden Fragen ratsam, damit Sie nachher Aufwand und Ressourcen besser rechtfertigen können:
- Was bringt es, d. h. was soll damit gelingen, was vorher nicht gelang?
- Was wird dadurch anders?
- Was wird dadurch besser?
- Was wird der Nutzen sein?
- Lohnt der Aufwand wirklich?

Projekte sollte man **strukturiert und planvoll** angehen. Das meint in unserem Fall, dass Sie über den ganzen Projektzeitraum hinweg, also von der kreativen Idee, über die Planung bis hin zur Durchführung, die Abläufe im Auge haben und wissen, an welcher Stelle des Projektes Sie sich gerade befinden. Wenn Sie also beispielsweise eine neue Intranetseite für Ihre Unternehmensbibliothek konzipieren wollen (siehe auch Kapitel 6), dann haben Sie es mit einem handfesten Projekt zu tun.

Am Ende eines Projektes sollte es neue Abläufe geben, die einen **Nutzen**, bzw. einen klaren Vorteil zur bisherigen Arbeitsweise darstellen. Im Idealfall sollte kein Projekt zum Ergebnis haben, dass Sie hinterher mit mehr Problemen kämpfen als vorher, auch wenn es in der Anfangsphase noch den Anschein haben mag, ehe die „Kinderkrankheiten" eines neuen Systems ausgestanden sind.

In diesem Kapitel werden einige grundlegende Schritte vorgestellt, die Ihnen helfen können, ein IT-Projekt für Ihre Unternehmensbibliothek durchzuführen. Es soll sich hierbei um einen Vorschlag handeln, denn in der Praxis finden Sie Ihre eigene Vorgehensweise. Es gibt jede Menge Literatur zu Projektmanagement. Suchen Sie sich einen Ratgeber heraus, der Ihnen gedankliche Anstöße liefert und der Ihre Planung unterstützt. Legen Sie los, lernen Sie beim Tun und vertrauen Sie auf Ihren gesunden Menschenverstand und Ihre Erfahrung.

3.1 Projekte mit internen Partnern: IT-Abteilung

Wie schon angedeutet, werden Sie sicherlich mit einem IT-Verantwortlichen (sei er intern oder extern) zusammenarbeiten. Wenn dieser Kollege tatsächlich eine neue Anwendung für die Unternehmensbibliothek technisch betreuen und einführen soll, dann ist es sinnvoll, zur Vorbereitung ein Gespräch über **Ziel und Zweck** des Projektes zu führen. Dabei sollte man bereits zum jetzigen Zeitpunkt das Projekt gedanklich in seine Hauptbestandteile zerlegen. Später wird ein **Pflichtenheft** erstellt, auf das sich die IT bei der Umsetzung stützen kann. Danach findet ein **Test** statt, um gemeinsam zu sehen, ob die Ideen schließlich am Rechner laufen.

Denken Sie gleich zu Beginn an eine Dokumentation des Projektes.

Auf jeden Fall werden Sie abteilungsübergreifend arbeiten und das Projekt gemeinsam angehen. Von daher sind klare **Zuständigkeiten** von Anfang an wichtig, damit digitale Services und Projekte reibungslos laufen. In vielen IT-Abteilungen gibt es eine schriftliche **Projektdokumentation**, die hilft, den Beitrag aller Beteiligten im Ablauf eines Projektes sichtbar zu machen. Hilfreich ist es für Bibliothekare, diese Dokumentationen zu kennen und darauf Zugriff zu haben oder sogar an der Erstellung beteiligt zu sein. Wird das Projekt nicht so komplex oder aufwendig, so ist dennoch eine kurze, schriftliche Dokumentation über Ziel, Aufwand und Vorgehensweise ratsam. Es kann vorkommen, dass die Anwendung lange und gut läuft. Soweit macht sich niemand darüber Gedanken. Wenn es aber zu Problemen kommt, und der damalige IT-Kollege ist nicht mehr im Unternehmen und hat womöglich sein Wissen mitgenommen, dann ist es hilfreich, die eigene Dokumentation für einen Nachfolger zur Hand zu haben. Das gilt im Übrigen für einen selbst. Man kann sich ja auch nicht alles merken.

3.1.1 Projektrahmen und Vorarbeit

Jedes Projekt sollte vorher mit den Vorgesetzten über Auftrag und Motivation abgestimmt werden. Kann sein, dass sich Ihr Projektwunsch dann schon erledigt hat. Es kann aber auch sein, dass Sie nun offiziell beauftragt werden und das Management Ergänzung zu Ihren Vorschlägen hat. Oder man kommt mit einem Projektwunsch auf Sie zu. Oftmals ist ein Vorgesetzeswechsel Anlass zu vermehrten Projektaufträgen. Ein Chef will seine neue Abteilung gerne anders strukturieren und sich gegebenenfalls durch eigene Projekte auszeichnen. Hier müssen Sie in jedem Fall herausfinden, welche Motivation für den Auftrag ausschlaggebend ist.

Checkliste Projektvorbereitung

Beginnen Sie mit einer systematischen Analyse zu folgenden Aspekten:
- Wie ist die Situation im Moment = **Ist-Zustand,**
- Wo und warum brennt es unter den Nägeln = **Problemsituation,**
- Was wird durch ein Projekt erreicht = **Soll-Zustand,**
- Was verspricht man sich langfristig davon = **Nutzen,**
- Welche Kosten können entstehen = **Kosten,**
- Wie könnte die langfristige Rentabilität aussehen = **Kosten-Nutzen-Analyse,**
- Was geschieht, wenn das Projekt nicht durchgeführt werden sollte = **Szenarien.**

Es kann hilfreich sein, Statistiken oder andere Belege zu finden, um Ihre Argumentation zu untermauern. Wenn Sie über die Punkte oben klar sehen, dann sollten Sie als nächstes folgendes festlegen:

Checkliste Projektschritte

Projektunterstützung:
Versichern Sie sich der Unterstützung seitens des Managements. In der Unternehmenspraxis werden manchmal Patenschaften für Projekte vergeben, die als „Projektsponsoren“ ihre schützende Hand über das Projekt halten und Ihnen Rückendeckung geben. Dies ist vor allem im Bezug auf Diskussionen über die Ressourcen und Arbeitszeitverteilung sehr hilfreich. Sie sollten auch den Vorgesetzten des IT-Kollegen hinzuziehen und informieren. Denn er muss ebenfalls die Ressourcen seiner Abteilung planen können.

Projektziel:
Definieren Sie das Hauptziel und die Etappenziele, sie sollten messbar und erreichbar sein.

Projekttitel:
Geben Sie dem Vorgang einen griffigen und verständlichen Namen für die fortlaufende Kommunikation.

Projektrollen:
Definieren Sie Anzahl, Namen und Rollen der Teilnehmer (Projektleiter, Projektteilnehmer, IT-Verantwortlicher).

Projektplan:
Der zeitliche Aufwand für das ganze Projekt und die Etappenziele sollten definiert werden (kann zunächst grob sein und später angepasst werden).

Projektkosten:
Veranschlagen Sie Ressourcen und zu erwartendes Budget.

Projektinitiierung:
Planen Sie die Testphase und das Rollout, also den ersten Einsatz des Anwendungssystems im Live-Betrieb. Berücksichtigen Sie dabei, welche Kommunikation, Schulungen oder andere Form von Informationen darüber eingeplant werden müssen.

Nachbereitung:
Hier passiert der Soll-Ist-Vergleich. Ist eingetroffen, was man sich zu Beginn vorgenommen hat? Welche Abläufe änderten sich auf welche Weise? Anhand der ersten Erfahrungen und anhand von messbaren und vergleichbaren Kriterien findet nun eine Überprüfung statt, ob das angestrebte Projektziel erreicht wurde. Es ist auch wichtig, seine Lernerfahrungen (Lessons Learned) festzuhalten.

Somit haben Sie die wichtigsten Projektschritte schon grob skizziert.

Checkliste Projektstart

Veranstalten Sie nun einen Workshop zum Start des Projektes, auch gerne **„Kick-Off-Meeting“** genannt. Damit erhält das Projekt einen offiziellen Charakter. Alle Beteiligten (s.o.) und der/die Vorgesetzten werden dazu eingeladen.

– Diskutieren Sie mit allen Teilnehmern die oben genannten Punkte und klären **gemeinsame Erwartungen**, Szenarien und etwaige Unstimmigkeiten, machen Sie Werbung für das Projekt,

- halten Sie alles in einem **Protokoll**, nebst Aufwand und Zielen, schriftlich für alle Beteiligten fest,
- legen Sie die Schnittstellen mit der IT und die erforderliche **Kommunikation** zwischen den Teilnehmern fest (Turnus der Projektmeetings),
- alle Beteiligten sollten ihre **Rollen**, kommunikativen Schnittstellen und Berichtslinien kennen, bevor es losgeht,
- eröffnen Sie ein für alle zugängliches **Projektlaufwerk** im Unternehmensnetzwerk, auf dem das Team alle Protokolle, Unterlagen und die Projektdokumentation speichert und aktualisiert, so dass alle immer auf dem neuesten Stand sind. Sammeln Sie alle Informationen rund um das Projekt an einer Stelle und nichts auf den eigenen Laufwerken oder in den E-Mail-Accounts der Teilnehmer,
- **berichten Sie** dem/den Vorgesetzten regelmäßig über den Stand der Dinge,
- diskutieren und planen Sie die Kommunikation an Ihre **Kunden**, wenn es sich um einen neuen elektronischen Service handelt, den diese später benutzen sollen.

Transparenz über das Projekt und laufende Kommunikation ist notwendig, damit eine Einbindung und die Kooperation der beteiligten Kollegen gewährleistet ist und das Projekt eine Chance hat, von Beginn an akzeptiert zu werden.

3.1.2 Pflichtenhefte, Anforderungskataloge

Sind sich alle über die Zielsetzung, die Ressourcen und die Rollenverteilung im Klaren, so kann es losgehen: jetzt muss genauer formuliert werden, was Sie von der neuen Anwendung erwarten. Mit Hilfe eines Pflichtenheftes oder Anforderungskataloges können Sie **strukturiert auflisten und formulieren**, was Sie wie benötigen. Es ist ganz wichtig, sich jetzt so detailliert wie möglich eine Vorstellung davon zu machen, was die neue Anwendung können und wie sie aussehen sollte.

Diese Vorgaben helfen dem Kollegen von der IT ganz entscheidend weiter, denn er muss wissen und verstehen, was die Unternehmensbibliothek genau braucht und worauf man sich in seiner knappen Zeit fokussieren muss. Das hilft auch beim Finden der notwendigen Kriterien zur Beschreibung des Anwendungssystems. Sie werden immer wieder auf Ihr Pflichtenheft zurückgreifen und im laufenden Projekt Teile ergänzen oder ändern. Nachher hilft es auch bei der Überprüfung der Ziele und Tests.

Machen Sie zunächst mit dem Team ein Brainstorming. Der Kollege von der IT sollte ruhig dabei sein, denn er kann schon während der Diskussion systemadministratorische Bedingungen erläutern und klären. Schreiben Sie die Hauptbestandteile der geplanten Anwendung auf Flipcharts. Gedanken können gemeinsam „an der Tafel" entwickelt und die einzelnen Blätter später sortiert werden. Versuchen Sie im nächsten Schritt die Punkte auf den Flipcharts in eine logische Reihenfolge zu bringen und zu strukturieren.

Jetzt können Sie beginnen, das Pflichtenheft oder den Anforderungskatalog zu erstellen. Wählen Sie die Form einer **Excel-Tabelle**. Arbeiten Sie mit Spalten. Diese lassen sich gut einfügen, verschieben oder versetzen. Dadurch können Sie Ordnung in Ihre Liste bringen. Die **erste senkrechte Spalte** enthält die verschiedenen Teile des Anwendungssystems und die verschiedenen erforderlichen Funktionen. Die **waagerechten Zeilen** rechts daneben sollten die gewünschten Funktionsweisen der Anwendung genauer beschreiben, priorisieren, sowie Kommentare, Termine, Zuständigkeiten u.ä. enthalten.

Checkliste Projektheft

- Listen Sie zunächst die wichtigsten Funktionen auf,
- beschreiben Sie so detailliert wie möglich,
- nennen Sie die Datenquellen,
- nennen Sie die Feldbezeichnungen, die von den Datenquellen gespeist werden.

Sie können nun die Parameter der waagerecht aufgelisteten Anforderungen genauer festlegen, die Wünsche zum Layout oder zu Prioritäten (hoch, mittel, niedrig) enthalten. Priorisieren ist wichtig. Damit entscheiden Sie, welche Teile der Anwendung zur Not auch wegfallen oder später eingefügt werden können.

Beispiel für den schematischen Aufbau eines Pflichtenheftes:

Anforderungsliste	Beschreibung	Priorität	Kommentar IT	Termin	Zuständigkeit
Funktion 1					
Funktion 2					
Funktion 3					

Jetzt wird es wieder Zeit für ein Treffen mit dem Kollegen von der IT. Nun gilt es, die Wünsche an ihn zu richten und herauszufinden, was davon umsetzbar ist. Bitten Sie den Kollegen von der IT, zu jeder Anforderung einen **Kommentar** abzugeben, nämlich was wie genau umgesetzt werden kann und auch, was nicht geht und warum. Wenn Sie priorisiert haben, und „Must Have"-Anforderungen sich nicht so ohne weiteres umsetzen lassen, muss neu überlegt werden. Manchmal ist es notwendig, vorherige Vorstellungen zu verlassen und sich Alternativen auszudenken, was auch zu Terminverschiebungen führen wird. Die gemeinsame Findung einer Lösung ist der Prozess.

3.1.3 Tests

Tipps zum Test

Sind sich letztlich alle über die Anforderungen einig, beginnt nun die Phase der Programmierung, der Sie gespannt entgegensehen. Der Kollege von der IT wird Sie nun vor der eigentlichen Inbetriebnahme zum Test bitten. Möglicherweise wird er Ihnen empfehlen,

- eine kleine, repräsentative Menge von Testdaten zu nehmen,
- sich genug Zeit zum Testen zu nehmen,
- Kunden testen zu lassen, wenn es sich um ein Tool für sie handelt (hat den Vorteil der unvoreingenommenen Sichtweise und späteren Akzeptanz des Tools),
- Testprotokolle zu machen, in denen Datum, Tester, Uhrzeit festgehalten werden,
- die Funktionsweisen zu dokumentieren: läuft oder läuft nicht,
- mehrmals zu Testen, nachdem Fehler ausgeräumt worden sind.

3.1.4 Umgang mit Tücken und Fallstricken

Wenn Sie das Projekt für beendet erklären können, so ist zunächst das Management zu informieren. Sicher wird Ihr Vorgesetzter und auch der Projektsponsor wissen wollen, ob die gewünschten Ergebnisse erzielt worden sind. Natürlich haben Sie, wenn Etappenziele erreicht worden sind, vorher regelmäßig berichtet. Aber selten läuft al-

Übersicht und Umgang mit Fallstricken

les nach Plan. Das wäre auch fast nicht normal. Wenn es Gründe zur Verzögerung gibt, deren Beseitigung in Ihrer Macht liegt, können Sie immer gegensteuern. Alles andere ist „höhere Gewalt". Machen Sie sich darauf gefasst, dass Sie mit Schwierigkeiten konfrontiert werden. Was kann also alles passieren?

- Die Planung basiert auf falschen Annahmen: sie haben zu wenig Ressourcen, das Projekt ist komplexer als geahnt, es ist also mehr Arbeit erforderlich,
- die Anforderungen ändern sich: trotz guter Planung und Pflichtenheft ergeben sich neue Aspekte, an die am Anfang keiner gedacht hat,
- die Technik will nicht so, wie Sie wollen,
- die IT-Abteilung schreibt ein Tool vor, welches im Unternehmensbetrieb Standard ist, welches aber für Ihr Vorhaben eher ungeeignet ist,
- die Deadline verschiebt sich nach hinten aus Gründen, die Sie persönlich nicht beeinflussen können,
- das Budget wird gekürzt,
- das Projekt verändert seine Priorität bei den Sponsoren,
- es gibt Widerstände bei den Kollegen,
- es passieren Fehler.

Es ist wichtig, nicht hinter dem Berg zu halten, wenn etwas nicht planmäßig läuft. Sie sind natürlich als Projektverantwortlicher in der Rolle, zu erklären, weshalb das so ist. Aber auch in der Verpflichtung, dafür zu sorgen, das Projektziel letztlich zu erreichen. Wie schon angedeutet, sind Offenheit und Transparenz der Vorgänge in Ihrem Projekt hilfreicher, als das Aufschieben von unangenehmen Nachrichten.

Ganz wichtig: trauen Sie sich auch, ein Projekt für gescheitert zu erklären und vorzeitig zu beenden. Es hat vielleicht manchmal keinen Sinn weiterzumachen, wenn die Hindernisse zu groß sind und sich alles viel zu lang hinzieht. Vielleicht ist nachher der Nutzen kleiner als der insgesamt betriebene Aufwand, der ja Ressourcen von der täglichen Arbeit abzieht. Vielleicht ist die Rückkehr zu einer vorherigen Vorgehensweise vorläufig klüger, als weiter an einem Projekt festzuhalten, aus Angst zu scheitern. Es können sich zu einem späteren Zeitpunkt vielleicht günstigere Konditionen entwickeln, den Faden wieder aufzunehmen.

Kündigen Sie die Inbetriebnahme an.

3.1.5 Rollout und Evaluation

Ist die Testphase erfolgreich beendet, können Sie nun das Produkt präsentieren und danach die Kunden informieren. Wenn es sich um eine Anwendung handelt, die viele Kunden betrifft, so sollten Sie einen offiziellen Termin festlegen und über die bekannten oder gewohnten Kanäle kommunizieren. Machen Sie Werbung für die Anwendung, erläutern sie den Nutzen und berichten Sie von der Motivation, die für das Projekt den Ausschlag gab. Vielleicht streuen Sie noch einige anschauliche Erfahrungen aus Ihrem Projektverlauf bei. Denken Sie darüber nach, ob Sie im Rahmen einer Veranstaltung darüber berichten, bspw. am Tag der Offenen Tür. Gegebenenfalls bereiten Sie kleine Flyer vor, wie man mit der neuen Anwendung arbeitet und verteilen Sie dies bei der Gelegenheit.

Laden Sie auch hier die Kunden dazu ein, **Feedback** zu geben. Gerade in der Anfangsphase können vielleicht noch Probleme auftreten, an die keiner gedacht hat oder die in den Tests aufgrund der Testumgebung nicht abgefragt werden konnten. Keine Sorge, das ist normal und nicht das „Versagen" des Projektteams. Es kann je nach Komplexität der Anwendung eine Weile nach dem Rollout dauern, bis tatsächlich alles zur Zufriedenheit läuft.

Um zu erläutern, ob die Ziele erreicht werden, erinnern wir uns daran, dass sie messbar sein sollten. Welche Statistiken in Form von Zahlen oder Werten untermauern also Ihre Zielerreichung? Auch das ist etwas, was sie von Anfang in die Planung mit einbeziehen sollten.

Sind Teile aus dem Pflichtenheft nicht umgesetzt worden oder werden neue Funktionalitäten notwendig – also ein Upgrade – dann ist ein **neues Projekt** aufzusetzen. Klären Sie unbedingt mit der IT und Ihren Vorgesetzten vorher ab, wie Sie mit kleinen und größeren Änderungen umgehen wollen. Wie sind die administrativen Vorgehensweisen in Ihrem Unternehmen oder bei der IT? Auch hier müssen Ressourcen eingeplant werden. Soll im laufenden Betrieb verbessert und ergänzt werden oder in welchen Fällen könnte wieder ein großes Projekt daraus entstehen?

„Policy" der IT-Abteilung beim Umgang mit Nachbesserungen erfragen.

Ganz wichtig am Schluss: was sind die **„Lessons Learned"** des Projektteams. Sicher werden Sie vom Management danach gefragt werden. Fassen Sie andernfalls für sich selbst zusammen, was die wichtigsten Erfahrungen waren, die Sie gemacht haben. Auch das können Sie sicher bei anderer Gelegenheit kommunizieren.

3.2 Projekte mit externen Partnern: Outsourcing von Dienstleistungen

Outsourcing einzelner Dienstleistungen kann man ebenfalls als Projekte betrachten. Auch hier gilt es, außerhalb der Routine Expertise für bestimmte Projekte von außen hereinzuholen und das Ergebnis nachher nahtlos in den Unternehmensprozess einzugliedern. Outsourcingprojekte laufen nach ähnlichem Muster ab wie innerbetriebliche Projekte. Auch hier muss man sich über eine Zielsetzung und den Nutzen sehr gut im Klaren sein, bevor man eine solche Entscheidung trifft und den richtigen Anbieter wählt. Auch hier ist möglicherweise ein Mangelzustand (Ressourcen, Budget, Personal, Know-How) ausschlaggebend für die Motivation zu einem Projekt. Für die Unternehmensbibliothek kommt es darauf an, Kriterien zu finden, wie sie mit den externen Anbietern kooperiert und die Dienstleistungen für das Unternehmen maßgeschneidert verhandelt. Beispiele und konkrete Szenarien finden Sie auch in Kapitel 5.

3.2.1 Warum Outsourcing?

Outsourcing setzt sich zusammen aus den Begriffen „outside" und „resourcing" und bezeichnet einen Vorgang, bei dem man Dienstleistungen von außen hereinholt. Damit kann der Bezug von einzelnen Leistungen bis hin zu einem kompletten Service gemeint sein. Das Outsourcen von Prozessen ist für viele Bereiche eine gängige Praxis. Unternehmen tun dies seit Jahren, bekannte Beispiele sind externe EDV-Betreuung, Kantinenbewirtschaftung oder Reinigungsarbeiten, bei denen die Mitarbeiter nicht mehr im Haus angestellt sind.

Outsourcing ist ein Kunstbegriff und meint das Einholen von externen Ressourcen ins Unternehmen.

„Make it or buy it?" – vor einer Outsourcing-Entscheidung stellt sich immer die Frage, ob man aus wirtschaftlichen Gründen einen Service selbst machen oder von außen einkaufen will. Standardisierte Tätigkeiten werden gerne an externe Provider auslagert, die vergleichbare Lösungen anbieten. Meist entscheiden sich Unternehmen in eher wirtschaftlich schwierigen Zeiten aus strategischen Gründen für Outsourcing. Wenn man sich dafür entscheidet, will man sich eher auf ein Kerngeschäft fokussieren. Man will einsparen und trotzdem auf Effizienz nicht verzichten. Wenn Outsourcing eine erklärte Unternehmensstrategie ist, so werden sicherlich alle Abteilungen, und allen voran die administrativen Serviceeinheiten, einer Prüfung unterzogen.

Falls der Begriff „Outsourcing“ als neues Ziel seitens der Unternehmensleitung kommuniziert wird, so könnten sich Veränderungen oder Umstrukturierungen andeuten. Folgende **Beweggründe** könnten für ein Unternehmen ausschlaggebend sein:
- Wunsch nach mehr Flexibilisierung,
- Vereinheitlichung von Prozessen,
- Integration von externem Know-How,
- Erhöhung der Qualität, verbunden mit der Senkung von Kosten,
- Vereinfachung der internen Strukturen,
- Reduzierung von Personal durch natürliche Fluktuation.

Sicherlich können externe Dienste auf den ersten Blick günstiger sein und weniger Personal erfordern. Auch kann man einen Dienstleister wechseln, wenn man nicht zufrieden ist. Generell werden solche Entscheidungen aber nicht kurzfristig getroffen, sondern man will ja mit einer bestimmten Leistung eine Kontinuität aufrecht erhalten. Auch gibt es dabei viele **weiche Faktoren** zu bedenken, die vielleicht nachher den Ausschlag geben, ob ein Projekt zum Gelingen kommt:
- Innerbetriebliche Akzeptanz, das heißt unternehmenskultureller Umgang mit Outsourcing,
- Vertrauen in die Leistungsfähigkeit und Loyalität eines Anbieters,
- Ausmaß der Abhängigkeit von Leistungen des Anbieters,
- Umgang mit Missverständnissen oder Konflikten zwischen Anbieter und Auftraggeber,
- Gestaltung der Schnittstelle und Kommunikation zwischen Anbieter und Auftraggeber.

Wenn alles gut läuft, so sollte der Dienstleister am Ende ein Partner sein, mit dem man längerfristig zusammenarbeiten kann, und der sich irgendwann womöglich wie ein Kollege mit der ähnlichen Loyalität zum Unternehmen verhält.

FAQ zum Thema Outsourcing:
Klären Sie zur Vertiefung des Themas folgende Fragen:
- Wie steht das Unternehmen zum Thema Outsourcing?
- Wo hat es in Ihrem Unternehmen bereits Outsourcing gegeben und warum? Wie verläuft die Zusammenarbeit?
- Sehen Sie für Ihren Bereich Potential dafür?

3.2.2 Was externe Dienstleister bieten können

Bibliotheksspezifische Dienstleister oder Provider bieten aktuell eine Fülle von externen Serviceangeboten. Ganze „Geschäftsgänge“ und standardisierbare Prozesse können bereits ausgelagert werden. Beispiele kennen wir, wenn wir mit externen Buchhändlern oder Zeitschriftenagenturen zusammenarbeiten, oder einen Anbieter für die Installation und Wartung der Bibliothekssoftware haben. Selbst elektronische Medien können auf einheitlichen Plattformen dargebracht werden, so dass sie von internen Services kaum zu unterscheiden sind.

Diese Angebote haben etwas Verlockendes. Wenn man über den ersten Schreck hinweggekommen ist, dass man als Unternehmensbibliothek nicht mehr der alleinige „Anbieter und Administrator“ von Fachinformation sein könnte, so ist es vielleicht lohnend, sich damit zu beschäftigen. Möglicherweise können die Provider das ein oder andere sogar besser. Bevor man ein Projekt selbst initiiert, empfiehlt es sich, bei den Buchmessen, Tagungen oder im Internet zu recherchieren, welche Angeboten von Providern, Agenturen, Buch- oder Zeitschriftenlieferanten inzwischen auf dem Markt sind. Nach gründlicher Recherche reift eventuell die Erkenntnis heran, dass man tatsächlich nicht mehr alles selbst machen muss.

Stöbern Sie auf Tagungswebseiten nach den Ausstellern und sehen sich Profil und Angebote im Internet an.

Dieses Kapitel ist keine Werbung für Outsourcing, es ist vielmehr eine **Anregung**, sich des Themas anzunehmen. Die Idee dahinter ist, sich nicht die Arbeit von einem Außenstehenden wegnehmen zu lassen, sondern abzuschätzen, zu welchem Preis und zu welchen Konditionen man das Rad nicht erneut selbst erfinden sollte. Unternehmensbibliotheken haben oftmals wenig Zeit oder zu wenig Personal, alles selbst und gründlich zu tun. Sich dauerhaft oder nur vorübergehend mit einem externen Partner zusammen zu tun, kann einem viel Arbeit abnehmen.

Wichtig ist eine gute Vorbereitung und ein gründlicher **Vergleich der Angebote** mit den eigenen Rahmenbedingungen. Wenn die Dienstleistung einen hohen Grad an Standardisierung aufweist, kann man davon ausgehen, dass Potential zum Outsourcing gegeben ist. Leistungen und Kosten sind dann direkter mit einer internen Kalkulation vergleichbar. Hier könnte es sich eventuell für die Unternehmensbibliothek lohnen, sich für eine externe Lösung zu entscheiden.

Dieses Kapitel hat die Überschrift: Was externe Dienstleister bieten. Das hängt eventuell ganz von Ihren Wünschen ab. Sind Sie sich darüber im Klaren, was ein Provider leisten soll und welche **Motivation** Sie zu diesem Schritt veranlasst, dann kommt die Phase der **Anbietersuche**. Sie nehmen Kontakt mit externen Dienstleistern auf und informieren sich. Während dieser Phase bekommen Sie einen ersten Eindruck, was ein Dienstleister für Ihr Unternehmen tun kann.

3.2.3 Was vor der Wahl eines Dienstleisters zu bedenken ist

Wenn Sie entschieden haben, dass Sie eine bestimmte Dienstleistung von außen erbringen lassen wollen, dann gibt es einige Punkte zu klären, bevor es losgeht. Wie schon angesprochen, wird bei einem digitalen Service ganz sicher die IT-Abteilung frühzeitig ins Boot geholt werden müssen. Also sollten Sie zunächst **intern bekannt machen**, was Sie planen. Folgendes ist dabei zu berücksichtigen:

- Kontaktieren Sie die IT und den Einkauf oder den/die dafür zuständigen Kollegen,
- klären Sie unternehmensinterne Abläufe, die bei einer externen Anbieterwahl zu berücksichtigen sind, bspw. falls eine Ausschreibung gemacht werden muss (um das Portfolio verschiedener Anbieter zu vergleichen),
- klären Sie, falls Daten von außen über eine Schnittstelle ins Unternehmen gelangen sollen, ob Tests gemacht werden müssten,
- klären Sie danach, welche weiteren Schnittstellen im Unternehmen außerdem eingebunden werden müssten.

Checkliste Provider

Durch eigene Recherchen oder Kollegenempfehlungen werden Sie von dem einen oder anderen Anbieter sicher schon gehört haben. Neben den harten Fakten, nämlich der Erfüllung Ihres Wunschzettels in Form eines Anforderungskatalogs, gibt es eine Reihe von Faktoren, die ebenfalls zu beachten sind, soll die Wahl nachher für das Unternehmen gut sein. Prüfen Sie während des **Auswahlprozesses**, ob der Dienstleister ...

- über Erfahrungen verfügt, d. h. ähnliche Projekte schon einmal gemacht hat,
- eine Kundenreferenzliste veröffentlicht,

- über Mitarbeiter mit einem bibliothekarischen oder informationsbezogenen Background verfügt, die Ihre Belange verstehen können,
- zuverlässig ist, d. h. Termine, Kosten und andere während der Anbahnungsphase getroffenen Vereinbarungen einhalten kann,
- und Sie mit Ihm auf Augenhöhe kommunizieren können,
- Ihre Anliegen versteht und sinnvolle Ideen zur Lösung liefert,
- zusätzliche Lösungen bietet, auf die Sie zu einem späteren Zeitpunkt zurückkommen könnten,
- einen Vorsprung an (u. a. technischem) Know-How liefert, den Sie selbst nicht in der Professionalität erbringen können,
- für einen Service kundenspezifische Anpassung vornehmen kann (Anbindung an interne Nahtstellen, Logos, Farben, Schrifttypen der Corporate Identity u.ä.)

Die Größe des Anbieters und seine Marktpräsenz kann ebenfalls etwas über seine Verlässlichkeit und seine momentane wirtschaftliche Lage verraten:
- Werfen Sie einen Blick auf seine Webseite oder ins Unternehmensregister im Internet,
- recherchieren Sie über die Entwicklung des Anbieters in den letzten Jahren,
- erkundigen Sie sich nach Referenzkunden aus Ihrer Branche, kontaktieren Sie diese und informieren Sie sich, wie lange diese schon mit dem Anbieter arbeiten, und wie die Zusammenarbeit läuft.

Achten Sie darauf, dass Sie als Unternehmensbibliothek der erste und direkte Ansprechpartner für den Anbieter sind und bleiben. Die Kommunikation sollte in erster Linie und immer über Sie laufen. Regeln Sie das vertraglich und sorgen Sie für Einverständnis und Abstimmung in den internen administrativen Funktionen und bei Ihren Vorgesetzten.

3.2.4 Projektrahmen und Auswahlprozess

Checkliste Prozesskette und Ausschreibung

Legen wir nun den Rahmen für ein Outsourcingprojekt fest. Besonderes Augenmerk sollte auf den Schnittstellen, besser gesagt den **Nahtstellen** zwischen Ihrem Unternehmen und dem Anbieter liegen. Klären Sie folgende Punkte oder erstellen Sie für sich einen Ablauf:
- Wie sieht der gesamte Prozess für die Dienstleistung aus?
- Wie sieht der Prozessteil des Anbieters aus?
- Wie sehen die Schnittstellen zwischen dem Anbieter und dem Unternehmen aus?
- Welche Funktionen, Abteilungen, Kunden kommen wann mit dem Anbieter in Berührung?
- Wo sind die technischen und kommunikativen Nahtstellen zur Unternehmensbibliothek?
- Wie werden diese definiert?

Erwägen Sie, eine **Ausschreibung** zu machen, um Angebote nachher besser miteinander vergleichen zu können. Es ist ratsam, mehrere Angebote von den Anbietern einzuholen, die in der engeren Wahl sind. Ein **Angebot** besteht in der Regel aus der Leistungsbeschreibung, den Kommentaren zu ihren Anforderungen und einem Vertragsentwurf, in dem die Kosten für die Dienstleistungen aufgelistet sind. Ganz wichtig wird hier die Ausführlichkeit Ihres Anforderungskataloges oder Pflichtenheftes sein. Denn je genauer Sie vorab in der Diskussion mit dem Anbieter und mit den internen Kollegen und Schnittstellen schon vorangekommen sind, desto leichter fällt Ihnen die Ausformulierung des Kataloges. Bitten Sie den Anbieter um Kommentare zu ihren Anforderungen. Das Pflichtenheft ist dazu da, um die Leistungen genau einzuschätzen und am Ende die Rückläufe miteinander zu vergleichen.

Vor der Versendung des Kataloges fügen Sie eine senkrechte Spalte für den/die Anbieter ein, in der er seine konkreten Kommentare einfügen soll. Mitunter gibt es einen Prozess für einen **Anbietervergleich** in Ihrem Unternehmen (Einkauf fragen), der einem strikten Ablauf folgt. Legen Sie einen bestimmten Termin fest, an dem Sie alle Angebot vorliegen haben wollen, um die Ergebnisse direkt zu vergleichen.

Erwägen Sie auch einen **Test der geplanten Dienstleistung** über einen gewissen Zeitraum. Viele Anbieter sind dazu bereit, damit Sie sich eine Vorstellung davon machen können, ob die gewünschten Parameter erfüllt werden können. Hier ist auch wieder wichtig, was Sie als „must have" und als „nice to have" definieren.

Tipps für die Entscheidungsfindung

Wenn die Leistungen aller zur Wahl stehenden Anbieter nach dem Ausfüllen des Pflichtenheftes und dem Test vorliegen, wählen Sie den Anbieter, der Ihre Anforderungen am ehesten erfüllt. Wenn die Ergebnisse kaum Unterschiede aufweisen, wählen Sie mit Ihrem Team zusammen den Anbieter, bei dem Sie das beste Gefühl haben. **Entscheiden Sie** nach Ihrem persönlichen, gesunden Menschenverstand. Sie werden richtig liegen. Wählen Sie nicht den günstigsten, wählen Sie nicht den nettesten, wählen Sie nicht den, den Sie schon immer kennen, wählen Sie nicht den mit den buntesten Präsentationsfolien. Schließlich wollen Sie eine Partnerschaft auf Augenhöhe eingehen, die auf Dauer angelegt ist. Verhandeln Sie. Das erste Angebot ist oft nicht das bestmögliche, sondern der Auftakt für einen gemeinsamen Prozess, die richtigen Konditionen für die Leistung zu finden. Spielräume gibt es immer.

Setzen Sie sich einen **zeitlichen Rahmen**, wie lange Sie mit einem Dienstleister einen ersten Vertrag schließen wollen. Verlängern können Sie immer. Prüfen Sie die Erreichung der vereinbarten und vor allem messbaren Ziele regelmäßig. Sofern der Anbieter Kundenkontakt hat, ist auch hier ein Feedback Ihrer Zielgruppen wichtig, um in Kooperation mit dem Anbieter die Services dauerhaft weiterzuentwickeln. Erkundigen Sie sich ab und zu bei der Konkurrenz, was es dort Neues gibt.

3.2.5 Was bei Verträgen und Rahmenbedingungen zu beachten ist

Wieder ist die Zusammenarbeit mit den Kollegen gefragt, die für das Kaufmännische zuständig sind. Holen Sie sich auch wieder Feedback aus der Rechtsabteilung bzw. von einem Juristen. In der Praxis kann die Prüfung der Verträge parallel mit den Preisverhandlungen einhergehen.

In der Regel werden die Dienstleister **Musterverträge** haben, in denen Rechte und Pflichten, Umfang der Leistungen und Garantien geregelt werden. Darüber hinaus haben Sie die Möglichkeit, zusätzliche Details festzulegen, auf deren Einhaltung Sie, bzw. das Unternehmen absoluten Wert legen. Es gibt Fälle, in denen ein sogenannter **Rahmenvertrag** mit einem Lieferanten geschlossen wird. Dieser ist langfristig ausgerichtet und zielt auf eine längerfristige Zusammenarbeit mit einem Dienstleister. In einem zusätzlichen **Detailvertrag** (Service Level Agreement) werden dann Einzelheiten, wie Leistungsumfang, Preise, Qualitätsstandards, Lieferzeiten u.ä. Kriterien geregelt, die letztlich messbar und vergleichbar sind, und für die eigentliche Erbringung der Dienstleistung vereinbart werden. Mitunter kann ein Service Level Agreement von Jahr zu Jahr angepasst werden, wenn sich einzelne Parameter (bspw. Preise) ändern, jedoch der Rahmenvertrag bestehen bleibt.

Checkliste Vertragsinhalte

Gibt es Punkte, die aus Ihrer unternehmensinternen Sicht im gegenseitigen Umgang miteinander zu beachten sind (etwaige Fragen zur Compliance oder zu Datenschutz), so sollten diese auf jeden Fall Eingang finden. Verträge enthalten in der Regel

- Namen der Auftraggeber, Auftragnehmer,
- Ansprechpartner auf beiden Seiten,
- Service Level Agreement (Einzelleistungen, Garantien),
- Vertragsdauer,
- Kündigungsfristen,
- Geheimhaltungserklärungen,
- Haftung,
- Gerichtsstand,
- Unterschriften.

Wie auch die zu erbringende Dienstleistung, so werden Sie gemeinsam mit dem Anbieter die Punkte erarbeiten. Es ist nicht immer möglich, alles vertraglich festzuhalten. Lassen Sie **Raum für Vertrauen**. Achten Sie dennoch darauf, zu klären, was passiert, wenn (vertraglich) definierte Leistungen oder Qualitätsstandards nicht erbracht werden und wie Sie damit umgehen wollen. Dies sollte schon im Vorfeld bei der näheren Auswahl im Dialog passieren. Nehmen Sie ein Szenario von Konsequenzen (bspw. Preisnachlässe bei Ausfallzeiten) in Form von möglichen Sanktionen oder Rechtsfolgen mit in den Vertrag auf.

3.2.6 Evaluation

Je nach Laufzeit des Vertrages ist es wichtig, die **Erfüllung der Kriterien** regelmäßig zu überprüfen. Wir erinnern uns: die im Service Level Agreement vereinbarten Leistungen sind Kriterien, die messbar und vergleichbar sein sollten. Hier findet die Beschreibung der für Sie vereinbarten Standards statt. Finden Sie nun Werte, die Sie in regelmäßig erhobenen Statistiken zusammenstellen können und mit deren Hilfe Sie die Erfüllung überprüfen können. Feedback von Kunden oder internen Kollegen, die mit der Anwendung arbeiten, ist ebenfalls hilfreich. Auch wenn Sie hier subjektive Einschätzungen erhalten, zeigen diese Tendenzen, ob ein Service angenommen wird und sich somit längerfristig amortisieren kann.

Regelmäßige Kontakte zum Outsourcingpartner, gerade in der Anfangsphase, sind empfehlenswert. So können Sie unmittelbar auftretende Probleme bei der Erfüllung der vereinbarten Leistungen klären. Je nach Art der Zusammenarbeit wird man sowieso im Gespräch bleiben. Setzen Sie sich drei bis vier Monate vor Ablauf eines bestehenden Vertrages in Verbindung. Ein persönliches Gespräch vor Ort kann effektiver sein, als ein Kontakt per Mail oder Telefon. Erörtern Sie aufgrund der gewonnenen Erfahrungen notwendige Nachbesserungen zum bestehenden Vertrag und seinem Leistungsumfang.

Literaturhinweise zu Kapitel 3:

Beer, Martin: Outsourcing unternehmensinterner Dienstleistungen: Optimierung des Outsourcing-Entscheidungsprozesses. - Wiesbaden: DUV, Dt. Univ.-Verl., 1998. - (Ebs-Forschung ; 9)

Brown, Mark: Erfolgreiches Projektmanagement in 7 Tagen: effiziente Planung, Kosten kontrollieren, Qualität gewährleisten/aus dem Engl. übertr. von Bettina Blank. - 3. Aufl. - Landsberg/Lech: mvg-verl., 1999

Ebbinghouse, Carol: Library Outsourcing: A new look. - In: Searcher, Vol. 10 (2002) Nr. 4, http://www.infotoday.com/searcher/apr02/ebbinghouse.htm (Letzter Zugriff am 22.04.2014)

Erfolgreiches Management von Bibliotheken und Informationseinrichtungen / Hrsg. Hans-Christoph Hobom [u. a.] - Aktualisierung und Ergänzungslieferung. - Hamburg: Dashöfer

Outsourcing realisieren: Vorgehen für IT und Geschäftsprozesse zur nachhaltigen Steigerung des Unternehmenserfolges / Marcus Hodel; Alexander Berger und Peter Risi. - 1. Aufl. - Wiesbaden: Vieweg, 2004. - (Edition CIO)

To Outsource Or Not To Outsource: Decision Points In Contracting Out Corporate Information Center Activities. In: Information About Information, Briefing, Vol. 4 (2001) Nr. 5

Unternehmensregister Deutschland: gilt nur für Kapitelgesellschaften, die in Deutschland Ihren Jahresabschluss veröffentlichen müssen.
http://www.unternehmensregister.de (Letzter Zugriff 22.04.2014)

Unternehmensregister in den Mitgliedstaaten Europas:
https://e-justice.europa.eu/ (Letzter Zugriff am 22.04.2014)

4 Elektronische Medien selbst managen

Zu einer der Kernaufgaben der Unternehmensbibliothek gehört es, Medien für die Informationsversorgung der internen Kunden selbst einzukaufen, bereitzustellen und zu managen. Im Unterschied zum Erwerb von physischen Medien hat man es beim **Aufbau einer elektronischen Bibliothek** mit anderen Parametern zu tun. Fast ist es vergleichbar, als würde man Software lizenzieren. Es zählen neue, technische Rahmen- und Zugangsbedingungen, Preismodelle und Konditionen, die es so bei den gedruckten Medienformen nicht gibt.

Es wird sicher sowohl pragmatische als auch strategische Gründe geben, die das Unternehmen veranlasst, seine Bibliothek zu beauftragen, eine eigene Sammlung an elektronischen Publikationen aufzubauen und zu pflegen. Die Vorteile liegen auf der Hand: zum Beispiel bei begrenzten räumlichen Kapazitäten der physischen Bibliothek oder wenn die Bestände dezentral verteilt sind. Vielleicht wünscht man sich auch einen flexibleren Zugang zu Fachinformationen. Die Mitarbeiter sollen nicht nur von ihrem Büro aus, sondern auch vom Home-Office oder von unterwegs auf das Firmennetzwerk zugreifen und arbeiten können.

Es ist auch möglich, dass die Unternehmensbibliothek den ersten Schritt geht und ihren Kunden eine Auswahl von Publikationen sowohl im Print- als auch im Onlineformat anbieten möchte. Auf jeden Fall ist es wichtig, sich eingehend zu informieren, ob die Publikationen der wichtigsten Verlage bereits Onlineversionen anbieten. Im folgenden Kapitel werden wir sehen, wie man mit Hilfe einiger erforderlicher Basisschritte eine elektronische Bibliothek aufbauen und kontinuierlich pflegen kann.

4.1 Lieferanten: Verlage und ihre Publikationen

4.1.1 Recherchen über Angebote

Onlinepublikationen, auch elektronische Medien oder E-Ressourcen genannt, sind digitale Versionen von Büchern, Zeitschriften und anderen Verlagspublikationen, die auf einer Webseite veröffentlicht werden (vgl. hierzu Kapitel 2). Informationen und Konditionen über Onlineangebote zusammenzutragen, ist der erste Schritt zu einer digitalen Bibliothek. Dazu gehören auch Zugriffsarten, Benutzerfreundlichkeit einer Webseite, Rechte und Kosten, um eine **Entscheidung für einen Erwerb** zu treffen.

Hauptverlage und ihre Aktivitäten im Auge behalten. Ordner nach Verlagen anlegen.

Die Unternehmensbibliothek sollte die Entwicklung des elektronischen Medienangebotes ihrer wichtigsten Verlage aufmerksam verfolgen. Recherchieren Sie direkt auf den Webseiten der Verlage. So können Sie relativ genau erfahren, ob bestimmte Titel online verfügbar sind. Man kann sich bei den meisten Verlagen Newsletter einrichten, um sich per Mail auf dem Laufenden zu halten. Recherchieren Sie nach, ob es zu den Büchern und Zeitschriften, die Sie im Moment einkaufen, bereits elektronische Versionen gibt.

Legen Sie sich einen Ordner an (oder elektronisch auf Ihrem Laufwerk) mit den Namen all Ihrer Verlage. Fangen Sie mit den wichtigsten an. Sammeln Sie dort die Informationen, so haben Sie sie immer zur Hand, wenn es später in die Details geht.

Tipps & Hinweise: Recherchieren Sie Details zu Onlinepublikationen
Die Bibliothekskataloge oder OPACs der großen Universalbibliotheken sind in der Regel alle über das Internet verfügbar. Hier findet man auch immer einen guten Einstieg, um zu recherchieren, ob es die elektronische Version einer Publikation gibt. Einige Empfehlungen:

Recherchetipps nach Infos zu Onlinepublikationen

EZB – Elektronische Zeitschriftenbibliothek: Sie enthält die umfangreichste Onlinesammlung von E-Journals. Sie listet sehr detailliert die Zugriffsmodalitäten zu einem E-Journal auf (URL, seit wann online, Verlag, kostenpflichtig, frei ...) Recherchieren Sie hier nach Zeitschriften, die sie abonnieren. Werfen Sie einen Blick auf andere Zeitschriften aus Ihrem Fachgebiet, die ihre Volltexte kostenfrei anbieten. Bei der EZB ist das ganz schön mit den Ampelfarben grün für „Volltext zugänglich", gelb für „teilweise zugänglich" und rot für „kostenpflichtig" gekennzeichnet. Hier können Sie unverbindlich die Funktionalitäten von Onlinepublikationen kennen lernen. Rufen Sie sich einen „grünen" Titel auf, gehen Sie über die angezeigte, direkte URL auf die Webseite der Publikation und gehen Sie auf Entdeckung:
http://rzblx1.uni-regensburg.de/ezeit/ (Stand: 28.04.2014)

KVK – der Karlsruher Virtueller Katalog durchsucht sehr viele Bibliothekskataloge gleichzeitig und erzielt dadurch eine hohe Trefferquote. Die Einträge sind relativ standardisiert und werden hintereinander aufgelistet:
http://www.ubka.uni-karlsruhe.de/kvk.html (Stand: 28.04.2014)

Checkliste: Eigenes Onlineangebot aufbauen

Wenn Sie beginnen möchten, die vorhandene Sammlung Ihrer Bibliothek durch elektronische Versionen zu ergänzen, so werden Sie sich vermutlich an den Publikationen orientieren, die Sie schon im Bestand haben. Sie können nach folgenden Kriterien **priorisieren**:
- Wichtigkeit der Publikationen im Unternehmen (Nachfrage),
- Nähe zu ähnlichen, konkurrierende Publikationen anderer Verlage,
- Reputation der Publikationen (Expertise),
- Häufigkeit, bzw. Frequenz der Auflagen (Aktualität),
- Qualität und Wichtigkeit der Darstellung des Inhaltes (ist außer den Texten noch anderes wichtig, wie Bilder, Grafiken u.ä.?),
- Einmaligkeit des Inhaltes und seiner Darstellungsform.

Wenn Sie sich noch gar nicht mit Onlinepublikationen beschäftigt haben, werden Sie bestimmt einige Fragen zum Erscheinungsbild elektronischer Medien haben:
- Wie sieht ein elektronisches Buch oder eine elektronische Zeitschrift überhaupt aus?
- Haben alle Publikation eine eigene URL und eine eigene Webseite?
- Wie und auf welche Weise sind die Texte und Inhalte (Volltexte = Kapitel, Artikel) dargestellt?
- Was für Informationen kann man noch auf den Webseiten der Publikationen finden?
- Ist die Publikation Teil einer Serie, von der Sie die anderen Bände auch interessieren oder die ohne die anderen Bände unvollständig wäre?

URL = Internetadresse, eingeleitet mit http://...

Zusätzlich sollte Sie auch interessieren, wie die Publikationen in der Internetumgebung dargestellt und wie diese benutzt werden können:
- Funktionalitäten der Benutzeroberfläche,
- Such-Funktionen,
- Zugriffsmodalitäten auf Volltexte,
- Benutzbarkeit mit PC und / oder mobilen Endgeräten,
- Lizenzbedingungen.

Informationen zu den Funktionalitäten werden Sie vermutlich dann erhalten, wenn Sie die Gelegenheit bekommen, eine Onlinepublikation zu testen. Sind Sie sich nicht sicher, ob der Erwerb einer Onlinepublikation in Frage käme, so kann ein **Test** in jedem Fall helfen, den Vorteil einer Onlinepublikation für Ihr Unternehmen herauszufinden.

Abonnieren Sie Newsletter über Trends in der Verlagswelt.

Wenn Sie sich darüber hinaus über allgemeine Trends der Verlagsbranche informieren wollen, könnten Newslettern hilfreich sein. Im Anhang der weiterführenden Internetlinks finden Sie einige Vorschläge. Hilfreich sind auch Besuche von Ausstellern auf Fachtagungen, den Buchmessen, auf denen Sie Einblicke in das Angebot der Verlage nehmen können. Sammeln Sie Informationen.

FAQ zum Thema Aufbau einer elektronischen Sammlung:

Beantworten Sie zur Vertiefung des Themas folgende Fragen:
- Welche elektronischen Versionen bereits vorhandener oder neuer Titel könnten in Ihrem Unternehmen von Interesse sein?
- Variieren hier die Inhalte im Vergleich zur Printversion?
- Welche Auswahlkriterien würden Sie zusätzlich treffen und was würden Sie priorisieren?
- Was wären intern die Gründe für den Aufbau einer elektronischen Bibliothek? Was wäre der Nutzen?

Dialog mit den Verlagen pflegen.

4.1.2 Kontaktaufnahme und Beziehungspflege

Wenn Sie mit einem festen **Buchhändler** arbeiten, der Ihr Unternehmen beliefert, nehmen Sie mit ihm zuerst Kontakt auf, wenn Sie planen, mit Ihrer Bibliothek sukzessive online zu gehen. Erkundigen Sie sich, ob der Buchhändler Konditionen für Sie in Erfahrung bringen kann, ob er zu einer Auswahlliste Ihrer priorisierten Publikationen die gewünschten Informationen beisteuern kann. Buchhändler oder Agenturen bieten unter Umständen den Service an, auch zu verhandeln.

Sie können sich aber auch selbst und direkt bei den Verlagen erkundigen. Wenn Sie Kontakt zu **Verlagen** aufnehmen, werden Sie vermutlich einen festen Ansprechpartner haben, den Sie für Fragen zu Produkten, Tests oder letztlich im Bezug auf die Preisverhandlungen und den Abschluss eines Lizenzvertrages kontaktieren werden.

Volltext = der gesamte oder vollständige Text (Inhalt) einer Publikation. Der Begriff steht auch für vollständige Artikel oder Kapitel aus Büchern und Zeitschriften. Begriff ist eine Übers. aus d. Engl. „full text".

Auf dem Weg zu Ihrer digitalen Bibliothek werden womöglich **technische Fragen** auftreten, die meistens einfacher und direkter in der Kommunikation mit dem Buchhändler oder Verlag gelöst werden können. Einige Beispiele:
- Wie passiert der Zugriff auf die Artikel/Beiträge (Volltexte)?
- Gibt es Hilfestellungen (User Guides), um die Onlinepublikation richtig zu benutzen?
- Wer ist bei technischen Zugangsproblemen auf den Volltext zuständig?
- Gibt es Statistiken über die Nutzung?

Bei den ersten Kontakten mit dem Verlag können Sie sich immer unverbindlich erkundigen. Über die Art der Kommunikation werden Sie schon ein Gefühl dafür bekommen, wie eine Zusammenarbeit laufen könnte. Ihre gesamten Erfahrungen werden sich nachher auf ein weiterführendes Verhandlungsgespräch auswirken. Auch der Verlag wird seinerseits registrieren, wie und mit welchen Fragen Sie mit ihm in Kontakt treten. Idealerweise sollten die Repräsentanten der Verlage die Sprache der Kunden (also der Unternehmensbibliothek) verstehen und auf Ihre Bedürfnisse eingehen.

Checkliste Servicequalität der Verlage

Ähnlich wie beim Kontakt zu Ihren internen Kunden kann auf diese Weise ein **Beziehungsgeflecht** zu den Ansprechpartnern Ihrer wichtigsten Verlage entstehen. Unter Umständen werden Sie sich mehrmals im Jahr mit den Ansprechpartnern austauschen. Mindestens aber einmal jährlich, wenn die Verhandlungen über ein neues Lizenzjahr starten. Sammeln Sie also auch Erfahrungen über die Zusammenarbeit während dieser Zeit und die Qualität der Beratung und des gebotenen Services. Beispielsweise:

- Wie lange dauerte die Einrichtung der Zugriffe auf die lizenzierten Produkte?
- Wo und warum gab es technische Zugriffsprobleme?
- Wie schnell sind diese gelöst worden?
- Wurden beim Wechsel von Ansprechpartnern beim Verlag alle relevanten Informationen weitergegeben?

Haben Sie bereits mit dem Aufbau einer elektronischen Sammlung angefangen, können Sie auch das Feedback ihrer internen Kunden an die Verlage zurückgeben und längerfristig zur **Verbesserung des Onlineangebotes** beitragen. Letztlich profitieren die Verlage davon, weil sie nicht in dem Ausmaß wie ein End-Kunde im Live-Betrieb alle Funktionalitäten der Plattformen ausgiebig testen können. Manche Verlage betreiben auch Kundengremien oder Beiräte zur gezielten Weiterentwicklung ihrer Produkte. Ein Beispiel gelungener Kooperation zwischen Verlagen und Kunden ist der allgemein verbindliche Standard für elektronische Nutzungsstatistiken, COUNTER (siehe dazu später mehr in Kapitel 4.5.2).

Tauschen Sie sich mit Kollegen aus Ihrer Branche zu diesen Themen aus. Sie können hilfreiche, informelle Einsichten über deren Erfahrungen gewinnen. Selbst wenn Sie nicht über Unternehmensinternes sprechen dürfen, so können Sie sich doch auf einer neutralen, bzw. hypothetischen Ebene über Sachverhalte verständigen und von gegenseitigen Erfahrungen profitieren.

4.2 Elektronische Ressourcen: Begriffe und technische Details

Das Internet bietet ideale Möglichkeiten, fachliche Inhalte und Informationen strukturiert darzustellen und zu verbreiten. Im folgenden Kapitel wollen wir kurz einige Begrifflichkeiten klären, die in der Welt der E-Ressourcen oder Onlinepublikationen gängig sind. Wir fokussieren uns dabei, wie auch in den folgenden Kapiteln, auf die klassischen Erscheinungsformen von Verlagspublikationen: Zeitschriften, Bücher, Nachschlagewerke. Wenn dies einigen Lesern vertraut erscheinen mag, so können Sie dieses Kapitel gerne überspringen. Dennoch ist ein kurzer Überblick hilfreich für das weitere Verständnis.

4.2.1 E-Journals und elektronische Inhaltsverzeichnisse

Beginnen wir mit der dynamischsten Onlinepublikation: dem E-Journal. Zeitschriften (insbesondere Fachzeitschriften) weisen eine hohe Aktualität und strukturierte Erscheinungsweise auf. Sie haben immer den gleichen Titel und wechselnde, kurze Beiträge mit hoher, fachlicher Aktualität. Viele gedruckte Zeitschriften haben eine elektronische Parallelversion. Manche können sogar umfangreicher als die Druckausgabe selbst sein. Was kennzeichnet eine elektronische Zeitschrift?

- Es gibt eine eigene URL für den Zeitschriftentitel und somit eine eigene Webseite,
- die Webseiten liegen auf den Verlagsservern,
- auf diesen Webseiten erscheinen die gelisteten Bände, Hefte, Inhaltsverzeichnisse und Artikel in chronologischer Reihenfolge,
- meist gibt es ein Archiv für ältere Ausgaben,
- die Artikel sind meistens auf den Webseiten des E-Journals in HTML und als fotografisch genaue Kopie der gedruckten Version (als PDF) verfügbar,
- das PDF kann man downloaden, ansehen und ausdrucken, nicht verändern,
- bei wissenschaftlichen E-Journals ist häufig ein Abstract (Kurzzusammenfassung) dabei,
- sie hat meist eine eigene Online-ISSN,
- je nach Alter der Zeitschrift sind vielleicht nicht alle bisher erschienenen Bände elektronisch verfügbar, sondern nur die aktuellsten Jahrgänge,
- häufig kann man einzelne Artikel online mit Kreditkarte kaufen,
- sie weist eine hohe Aktualität durch online Vorabveröffentlichungen auf,
- der Zugriff erfolgt über ein Passwort oder bequem über die IP-Adresse der lizenzierenden Organisation.

Vor allem **naturwissenschaftliche Zeitschriften** aus dem STM-Bereich strebten frühzeitig eine Onlineversion an. Die Kunden haben quasi „per Mausklick" abgestimmt und diese Form der Informationsverbreitung durch starke Nutzung und Nachfrage honoriert. Im naturwissenschaftlichen Bereich hat sie sich inzwischen gegenüber der gedruckten Version durchgesetzt.

Hinweise auf Vorteile von E-Journals

Das E-Journal und seine Bestandteile weisen für die Nutzung viele **Vorteile** gegenüber der Printversion auf:
- Kein Heft kann verloren gehen,
- Grafiken können hochauflösend und farbig dargestellt werden,
- die Einbindung von Multimedia ist möglich,
- der Onlinezugriff kann rund um die Uhr erfolgen,
- es gibt Suchmöglichkeiten nach inhaltlichen Gesichtspunkten,
- wichtige und häufig nachgefragte Artikel können vom Layout hervorgehoben werden,
- es wird auf relevante Informationen auf anderen Webseiten verlinkt,
- Volltexte lassen sich als PDF ausdrucken und müssen nicht am Bildschirm gelesen werden,
- Inhaltsverzeichnisse neuer Hefte können per E-Mail zugeschickt werden, inklusive Link auf die Volltexte,
- mitunter gibt es Funktionen, wie Kommentare, Feedback und Interaktionen zwischen Autoren und Nutzern.

Die auf **Verlinkung** basierende Technologie von Webinhalten ermöglicht zudem auch Zugang zu Volltexten (Beiträgen und Artikeln) von und zu anderen Webseiten. Man kann zum Beispiel während einer Recherche in einer webbasierten Literaturdatenbank Links zu den Literaturhinweisen finden und hat zugleich auch eine Zugriffsliste auf Artikel. Der Gang in die Bibliothek ist nicht mehr notwendig, um sich Kopien zu ziehen. In der Regel sind sogar die einzelnen PDFs der Artikel gegen eine Gebühr online zu kaufen.

Diese Schnelligkeit der Vernetzung und Verlinkung in der schönen, neuen Medienwelt ist nicht zu überbieten. Nicht in allen Fachbereichen ist der Fortschritt bisher soweit gegangen. Aber er dient als Gradmesser und Standard für andere Fachgebiete. Die Verlage streben an, dieses Angebot ständig weiter zu entwickeln und auch ältere

Publikationen ins Internet zu stellen. Vor allem die HTML-Versionen der Texte sind mit vielen zusätzlichen Funktionalitäten angereichert. Sie dienen dem Literatursuchenden eher zur Orientierung und zum schnellen Überblick. Zum gründlichen Lesen ist nach wie vor die ausgedruckte PDF-Version, also die fotografisch abgebildete Version des Printmediums, die Nummer eins bei der Literaturauswahl der Kunden. Sie zeigt die noch sehr vertraute Optik des gewohnten Layouts, weil die HTML-Version stark davon abweicht.

4.2.2 E-Books

Das E-Book ist mit einiger Verzögerung gestartet. Das Buch muss ganz andere Herausforderungen meistern als das E-Journal. Es erscheint als eine in sich geschlossene Einheit, es wird in der Regel als Ganzes gelesen, es erfährt ab und zu eine neue Auflage, seine Kapitel sind länger als Zeitschriftenartikel und bauen aufeinander auf. Die Zurückhaltung, E-Books zu benutzen ist deshalb so groß, weil man sich lange nicht vorstellen konnte, elektronisch Bücher am Bildschirm zu lesen. Auch spielt das haptische und visuelle „Lesevergnügen" eine Rolle, welches man vor allem bei Büchern mit Bildern und Grafiken hat und bei einer elektronischen Lektüre vermissen würde. Ein Buch trägt man eher mit sich herum, liest es an verschiedenen Orten, verleiht es oder gibt es weiter. Es dient nicht dem schnellen Informationskonsum, wie ein Zeitschriftenartikel. Was sind die **Merkmale eines E-Books**?

- Es hat eine eigene URL für den Buchtitel und somit eine eigene Webseite,
- die Webseiten liegen auf den Verlagsservern,
- auf diesen Webseiten erscheinen die Inhaltsverzeichnisse und Kapitel im Volltext,
- die Kapitel sind meistens auf den Webseiten des E-Books in HTML und als fotografisch genaue Kopie der gedruckten Version (als PDF) verfügbar,
- die PDFs kann man downloaden, ansehen und ausdrucken, nicht verändern,
- es hat meist eine eigene Online-ISBN,
- man kann einzelne Kapitel online per Kreditkarte kaufen,
- der Zugriff erfolgt über ein Passwort oder bequem über die IP-Adresse der lizenzierenden Organisation.

Hinweise auf Vorteile von E-Books

Es gelten hier ähnliche Kriterien und auch Vorteile, wie zuvor beim E-Journal. Umfang, Erscheinungsform und Nutzen können sich allerdings erheblich unterscheiden. Ein komplettes Buch steht selten als einzelnes PDF zur Verfügung. Vielmehr sind Fachbücher in ihre einzelnen Bestandteile (die Kapitel) zerlegt und stehen als eine Liste von einzelnen PDF-Kapiteln zur Verfügung. Hierüber erfolgt der Zugriff auf den gesamten Inhalt des Buches.

Möglicherweise könnte sich in Unternehmen mit der Zunahme an mobilen Endgeräten, wie Smartphones oder Tablet-PCs, auch die Nachfrage nach fachlichen E-Books steigern, da es einfacher wird, unterwegs zu lesen. Die reinen E-Book-Reader werden im Unternehmen eher nicht eingesetzt, weil sie sich nicht als multifunktionale Arbeitsgeräte eignen.

Die elektronischen **Buchserien**, die E-Serials, sind in ihrem Webformat dem E-Journal sehr ähnlich. Buchserien bestehen aus einer Reihe von Einzelbüchern, die mit einem inhaltlichen Schwerpunkt, meist unter einem gemeinsamen Titel veröffentlicht werden. Teilweise können die Einzelbücher der Serie für sich stehen und einen eigenen Titel (und somit eine eigene Webseite) haben. Manche Bände bilden in sich zusammenhängende Bestandteile eines großen Gesamtwerkes. Die Webseite einer elektronischen Buchserie bietet wiederum den Vorteil, alle Bestandteile der Serie auf einen Blick zur Verfügung zu haben und dies sortiert nach den Kriterien der logischen, vorgegebenen Reihenfolge.

4.2.3 Nachschlagewerke online

Nachschlagewerke sind eine besondere Buchform. Sie sind nach bestimmten Kriterien sortiert (Lexika sind häufig alphabetisch nach Stichworten gegliedert). Sie folgen einer eigenen Aktualität, Neuauflagen erscheinen häufiger als bei Büchern und ihre Inhalte werden punktuell erfragt. Man liest ein solches Werk nicht von vorne bis hinten durch. Das ist auch der Grund, warum digitale Nachschlagewerke eher die Akzeptanz der Kundschaft finden als E-Books. Wenn man online schnell etwas nachschlagen will, kennen wir alle den Klick auf das Internetlexikon Wikipedia und würden fast nicht mehr ein Lexikon in Buchform aus dem Regal ziehen. Hier sieht man ganz deutlich die Vorteile eines elektronischen Nachschlagewerkes.

Hinweise auf Vorteile von elektronischen Nachschlagewerken

Generell sind die Vorteile ähnlich wie bei E-Books und E-Journals. Vorteilhaft gegenüber der gedruckten Version ist, dass online ein häufigeres Update möglich ist. Es kommt hinzu, dass in der Regel eine Stichwortsuche angeboten wird. Dynamische Inhalte, wie Grafiken oder Bilder, können zusätzlich ergänzt werden und die Kapazitäten sind online nicht so begrenzt, wie bei einer gedruckten Version. Wir kennen Nachschlagewerke häufig in Form von Loseblattsammlungen, bei denen die Ergänzungslieferungen immer korrekt einsortiert werden müssen. Eine falsche Seite an der falschen Stelle und die Information ist auf immer verschwunden. Gerade bei Publikationen, in denen sich Fakten häufig ändern, sind Ergänzungslieferungen eine von Verlagen beliebte, aber bei Bibliothekaren und allen anderen Abonnenten als lästig empfundene Erscheinungsweise. Da ist eine Onlineversion vielleicht die bessere Variante.

FAQ zum Thema elektronische Medien in Ihrem Unternehmen:
Nehmen Sie sich einmal die Zeit, genauer zu untersuchen, ob eine Erweiterung Ihres Bibliotheksangebotes Sinn machen würde. Ziehen Sie dabei auch Fachinformationsquellen in Betracht, die eben nicht genannt wurden.

- Welche eben nicht genannten Medien werden darüber hinaus in Ihrem Unternehmen verlangt?
- Zeitungen, Reports, Normen, Gesetze, Dissertationen ...?
- Wer sind die Lieferanten oder Produzenten dieser Angebote?
- Wie verhält es sich hier mit dem elektronischen Angebot?
- Was unterscheidet sie von ihren gedruckten Pendants?
- Wo lägen die Vor- und Nachteile eines elektronischen Angebotes für Ihre internen Kunden?

4.2.4 Verlagsplattformen und typische Zugriffsarten für elektronische Medien

Plattformen und Zugriffe für elektronische Medien

Verlage veröffentlichen ihre Onlinepublikationen auf ihren eigenen **Verlagsplattformen**. Hier erfolgt auch der **Zugriff auf lizenzierte Publikationen** für alle Kunden. Der Kunde erhält keine CD-ROMs mehr und es wird keine Software installiert. Die Nutzeroberflächen aller produzierten Medien haben immer das einheitliche Layout des Verlages und werden auf die gleiche Art und Weise dargestellt. Wenn Ihre Kunden also ein bestimmtes Layout kennen gelernt haben, so finden sie sich in der Regel auch auf anderen Plattformen zurecht. In der Regel können sie nach bestimmten Ausgaben, Bänden, Heften chronologisch browsen oder einzelne Artikeln mit Hilfe einer Suchfunktion auffinden. Die Darstellung der Texte spiegelt die Druckausgabe wieder.

Der Kunde kann den Zugriff auf die Volltexte durch Selbstbedienung erledigen, wie vorher am Regal auch. Die Unternehmensbibliothek, die das Angebot im Hintergrund in Kooperation mit den Verlagen zusammenstellt, bekommt nicht mehr unmittelbar, sondern erst im Nachhinein durch die Nutzungsstatistiken mit, welche Fachliteratur der interne Kunde online nutzt (siehe auch Kapitel 4.5).

Die **Zugriffe auf die Volltexte** müssen zuvor gesondert für ein Unternehmen eingerichtet werden. Allein eine Lizenz abzuschließen oder einen Onlinezugang zu abonnieren, reicht nicht aus. Um automatisch Zugang zu den gewünschten Artikeln zu bekommen, muss nach Abschluss eines Lizenzvertrages die Gebühr im Voraus bezahlt werden. In der Regel erfolgt erst dann die Einrichtung des Zugriffs auf der Verlagsseite.

Wenn es der Verlag nicht für einen übernimmt, muss sich die Unternehmensbibliothek mit einer eigenen **Kunden-User-ID** auf der Verlagswebseite einloggen und mit einem eindeutigen Code die lizenzierte Onlinepublikation **„freischalten"**. Das heißt, es werden entsprechende Daten wie IP-Adresse, User-ID und andere notwendige Daten für die Nutzung der Volltexte eingegeben. Nach dem Ausloggen ist die Registrierung für die Onlinenutzung erfolgt. Fortan kann auf die Volltexte der Onlinepublikation zugegriffen werden. Eleganter als über eine User-ID ist der Zugriff über die IP-Adresse des Firmennetzwerkes, sie ermöglicht ein unbegrenztes, simultanes Zugreifen von mehreren PCs aus.

Jedes Unternehmen, dass sein internes Netzwerk durch eine Firewall schützt, hat eine oder mehrere **IP-Adressen**. Diese sind so eindeutig wie Postadressen und identifizieren den Sender einer Nachricht im Internet. Die IP-Adresse wird beim Verlagsserver hinterlegt, so dass Angehörige der Organisation aus dem Netzwerk heraus nahtlos auf die Volltexte zugreifen können, wenn die IP-Adressen des lizenzierenden Unternehmens als zugangsberechtigt erkannt werden. Das können bei dieser Methode beliebig viele Mitarbeiter zugleich sein. Wer bei seinem Weg durch das Internet auf ein Verlagsangebot kommt und seine IP-Adresse(n) sind dort registriert, so wird man zu den Volltexten zugelassen. Dies ist im Übrigen die am meisten geschätzte Zugriffsart auf Volltexte. Es entfällt, sich Passwörter zu merken oder bei zu häufigem, falschen eintippen gesperrt zu werden.

Die meisten der großen Verlage haben auf ihren Plattformen **Schnittstellen für Administratoren** eingerichtet. Gemeint sind diejenigen, die sich auf der Unternehmensseite um den Kauf und die Einrichtung der Zugriffe auf das Onlineangebot kümmern – also die Unternehmensbibliothek. Diese geschützten Bereiche sind häufig mit einem speziellen Administrator-Passwort zugänglich und enthalten Funktionen, die das Herunterladen von Statistiken ermöglichen, sowie Kontakte zum Verlag oder die Kundennummer enthalten. Manchmal gibt es Optionen, das Layout der Verlagswebseite durch ein Firmenlogo oder den Link zum eigenen Intranet anzureichern. Diese Informationen sind in der Regel nur durch Angehörige des Firmennetzwerkes sichtbar, die von einer entsprechend registrierten IP-Adresse kommen und sollen die Verknüpfung des externen Angebotes mit dem eigenen Unternehmen verdeutlichen.

FAQ zum Thema Verlagsplattformen:
Untersuchen Sie einmal die Plattformen Ihrer wichtigsten Verlage und erkundigen Sie sich nach den gängigen Zugangsformen. Klären Sie mit Ihrer IT die Zugriffsart über die IP-Adresse.

- Wie sind die Plattformen gestaltet?
- Welche Zugriffsarten überwiegen bisher, IP-Adresse oder Passwort?
- Was wären die Vor- und Nachteile beider Möglichkeiten für Ihr Haus?

4.3 Lizenzen verhandeln

Zugriffslizenzen auf Onlinepublikationen kann man, wie Abonnements auch, jährlich abschließen. Sie erneuern sich in der Regel nicht automatisch, sondern bedürfen einer Verlängerung, sonst erlischt die elektronische Zugangsberechtigung. Das gleiche gilt, wenn ein **Lizenzvertrag** abgeschlossen wird. Auch dieser beläuft sich auf eine bestimmte Zeitspanne, bei deren Beginn die Onlinepublikationen freigeschaltet und nach deren Auslaufen die Zugriffe verlagsseitig wieder gekappt werden. Der jährliche Zyklus hat den Vorteil, laufende Kosten besser überschauen zu können und sich aktiv Jahr für Jahr entscheiden zu können, welche Medien weiter bezogen werden.

Wenn Ihnen von vornherein ein Preismodell fair erscheint, werden Sie auf ein Verhandlungsgespräch verzichten können. Verhandeln entfällt natürlich auch, wenn Sie mit der Druckausgabe einer Publikation bereits einen kostenlosen Onlinezugang erworben haben. Möglicherweise sind die Zugriffskonditionen, die standardmäßig vom Verlag angeboten werden, auch ausreichend. Wenn dies aber nicht der Fall ist, werden Sie sicher mit dem Verlag über die Ausgestaltung von individuellen Preisen und Rechten verhandeln wollen.

Lizenzmodelle

4.3.1 Die gängigen Lizenzmodelle

Grundsätzlich kann man von einigen typischen Lizenz- und Preismodellen ausgehen, die in der Regel von vielen Verlagen angeboten werden. Hier werden sie kurz vorgestellt.

Print inklusive online:
Die Onlineausgabe ist im Erwerb der Druckausgabe enthalten. Ohne die Druckausgabe gibt es keinen Zugriff auf elektronische Volltexte.

Print plus online:
Hier müssen beide Ausgaben, sofern gewünscht, bezahlt werden. In der Regel kann man mit einem überschaubaren Preisaufschlag für die zusätzliche Nutzung der elektronischen Version rechnen oder umgekehrt.

Online only:
Es ist möglich, nur die Onlineausgabe zu beziehen.

One-Time-Purchase:
Sie bezahlen einmalig für eine Onlineausgabe und haben das Zugriffsrecht auf die Publikationen auf der Verlagsplattform dauerhaft erworben. Hierbei muss die Langzeitarchivierung geregelt sein. Klären Sie, was im Falle von Unternehmens- oder Verlagsveränderungen passiert, der Verlag fusioniert oder insolvent geht. Lassen Sie sich eine Kopie der einstmals bezahlten Inhalte garantieren (CD-ROM).

Pay-Per-View:
Man kann dieses Modell auch Gutscheinverfahren nennen. Das Unternehmen lizenziert keine feststehenden Titel, sondern erwirbt Gutscheine für das Downloaden von einzelnen, nicht zusammenhängenden Artikeln verschiedener Publikationen. Dies kann sich auf das gesamte Verlagsangebot beziehen. Meist wird mit einem bestimmten Passwort heruntergeladen.

Nicht alle Modelle werden von allen Verlagen angeboten. Aber wenn man sich noch nicht klar darüber ist, wie hoch die Akzeptanz einer Onlinepublikation sein wird, kann man zunächst über einen **Test** nachdenken. Warum nicht für drei Monate ohne Verbindlichkeit testen, ob Interesse bei der internen Zielgruppe vorhanden ist? Die Preisgestaltung des Verlages zu verstehen und sich über den Umfang der Gegenleistungen klar zu werden, hilft, sich für die richtige Variante zu entscheiden. Nur dann kann man eine vernünftige Kosten-Nutzen-Analyse durchführen und ein Angebot richtig einschätzen.

Tipp: testen Sie

Bei E-Books und elektronischen Nachschlagewerken ist die Nutzung vielleicht nicht so kontinuierlich wie bei E-Journals. Hier schwanken die Preisangebote auch noch sehr. Gerne wird die Möglichkeit der simultanen Zugriffe genutzt. Nur einer geringen Anzahl von Nutzern wird hierbei der gleichzeitige Zugriff erlaubt. Wenn davon auszugehen ist, dass E-Books eher sporadisch genutzt werden, wäre das eine gute Wahl.

Bei E-Books gibt es auch noch andere Zugangsmethoden. Beispielsweise kann man einen limitierten Kurzzugriff auf Inhaltsverzeichnisse und Textauszüge kostenfrei ermöglichen, um die Entscheidung für den kostenpflichtigen Zugriff auf ein E-Book zu erleichtern. Es werden auch Modelle ähnlich der „Onleihe" (elektronische Ausleihe) angeboten, in denen einem einzelnen Nutzer gegen eine Gebühr ein Kurzugriff auf ein elektronisches Buch oder Kapitel ermöglicht wird. Sogenannte **DRM-Methoden** regeln diesen Zugang. Digital Rights Management kann über den Zugriff hinaus auch bestimmte Aktivitäten eines Nutzers steuern, zum Beispiel Drucken oder Downloaden limitieren und so die Kosten einer Nutzung überschaubar halten.

DRM = Digital Rights Management: automatisierte Steuerung und Limitierung von Zugriffen auf elektronische Ressourcen.

Nicht nur die Kosten für eine Publikation sind ausschlaggebend. Das gesamte **Leistungsspektrum** wird letztlich beurteilt und fließt in die Bewertung des Verlagsangebotes mit ein. Wie schon angesprochen, erwirbt man ja auch den Zugriff auf eine Plattform mit ihren vielfältigen Funktionalitäten. Folgende Kriterien mag man dabei besonders beachten:

Checkliste Verlagsplattformen

- Benutzerfreundlichkeit und Stabilität der Verlagsplattform,
- Suchfunktionen,
- gut gestaltete Hilfefunktionen, Schulungen, User-Guides für die Plattform,
- kundenspezifische Anpassungsmöglichkeiten der Plattform,
- Darreichungsform der Statistiken,
- Vorhandensein und Schnelligkeit eines technischen Helpdesk und der zuständigen Ansprechpartner,
- Karenzzeiten oder sogenannte „Grace-Periods" (mind. zwei Monate), wobei nach Auslaufen einer Lizenz der Zugriff nicht gleich abgeschaltet wird, bevor eine neue Entscheidung getroffen ist.

Unternehmen mit mehreren Standorten können an einer zentralen Stelle das Abschließen von Verträgen für das ganze Unternehmen vornehmen, womit der Einkauf zentralisiert wäre. Meistens werden die Verlage Lizenzmodelle vorschlagen, die dem gesamten Unternehmen oder mehreren Standorten gleichzeitig nützlich sind. Eine globale oder standortübergreifende Lizenz kann monetäre und administrative Vorteile haben, weil man wiederum nicht viele verschiedene Verträge abschließen und verwalten muss. Auch vereinfacht es den Zugang und Austausch über Fachinformation innerhalb von standortübergreifenden Projekten.

Normalerweise werden für eine **Standortlizenz** die Anzahl aller potentiellen Nutzer veranschlagt, man rechnet in der Regel mit der Anzahl aller FTEs (Full-Time Equivalent), weil man davon ausgeht, dass jeder einen PC mit Internetzugang hat.

FTEs sind Anzahl der Mitarbeiter in Vollzeit (Begriff aus dem Personalmanagement).

Hinweise zu mehreren Standorten und IP-Adressen

Besser wäre es, wenn man die Anzahl der tatsächlichen Nutzer ansetzt und sich letztlich an den Nutzungsstatistiken orientiert. Verlage sehen diesen Punkt gerne anders.

Neben einem zentralen Vertrag, der alle geographischen Standorte einschließt, kann es auch Unterverträge für einzelne Standorte geben. Aber Achtung: klären Sie vorher mit dem Verlag die technischen Zugriffe bei Überschneidungen von IP-Adressen und getrennten Titeln. Unter Umständen kann die eine IP-Adresse der Filiale nicht gleichzeitig im Zugriffsaccount der Zentrale hinterlegt werden und so der Zugriff auf alles blockiert werden. Vielleicht haben die Verlage inzwischen technische Lösungen für dieses Problem gefunden oder die Filiale muss ein Passwort benutzen.

Haben Sie mehrere Publikationen von einem Verlag, so können **Paketlösungen** manchmal zu einem günstigeren Preis führen. Sind Sie sich nicht sicher, können Sie immer Tests vereinbaren, um die potentielle Nutzung zu überprüfen und die Statistiken aus den Tests in die Verhandlung einzubeziehen.

4.3.2 Was Lizenzverträge beinhalten

Wie in Kapitel 2 beim Thema Copyright schon deutlich geworden ist, sind Lizenzverträge speziell zwischen zwei Partnern (dem Verlag und dem Unternehmen) ausgearbeitete Nutzungsrechte für die digitale Bibliothek. Lizenzverträge sind rechtlich bindend für beide Parteien. Sie legalisieren, was man mit dem elektronischen Inhalt in welchem Rahmen tun darf. Andernfalls gilt das Urheberrechtsgesetz (vgl. hierzu Kapitel 2.4). Verträge sind meist von Juristen geschrieben und insofern ist uns die Sprache eher fremd. Kommen sie auf Englisch daher, wird es noch komplizierter. Dennoch wird es sich lohnen, sich etwas mit den Begriffen vertraut zu machen und sich einige zu übersetzen und erklären zu lassen.

Checkliste Lizenzvertrag

In einem Vertrag sind **alle Konditionen** enthalten, die Sie für Ihre internen Kunden verhandelt haben. Es ist daher wichtig, dass all Ihre unternehmensinternen Erfordernisse im Vertrag festgehalten sind. Prüfen Sie die Verträge eingehend auf Kriterien, die beinhalten

- welche **Nutzergruppen** berechtigt sind, auf die Medien zuzugreifen (inkl. Home-Offices, Vertrieb im Außendienst, Leiharbeiter in Arbeitnehmerüberlassung, Praktikanten, sonstige Externe, die für das Unternehmen arbeiten),
- welche **Nutzungsrechte** enthalten sind (mindestens lesen, downloaden, drucken für den persönlichen **Gebrauch am Arbeitsplatz**, aber vielleicht benötigen Sie bestimmte weitere Nutzungsformen, die nicht aufgeführt sind oder wollen, dass das Material bedenkenlos intern weitergeleitet werden kann),
- was **nach Auslaufen der Lizenz** geschieht (ob der Zugriff erlischt, oder zu welchen Anschlusskonditionen man dauerhaften Zugriff auf die einstmals lizenzierten Zeiträume erhält),
- nach welchem Schlüssel die **Berechnung der Kosten** erfolgt (sehr häufig Anzahl der potentiellen Mitarbeiter einer Firma: alle FTEs oder alternativ namentlich ausgewiesene Einzelnutzer),
- **Zahlungsmodalitäten**, wie Umrechnungskurse bei multinationalen Unternehmen, Kostenteilungen zwischen Funktionen oder andere interne Besonderheiten, die auf den Rechnungen vermerkt sein müssen,
- worüber die **Zugangsberechtigung** stattfindet (über das Firmennetzwerk, IP-Adresse oder Passwörter für namentliche Nutzer),
- von welchen **Endgeräten** aus (PC im Netzwerk, PC im Homeoffice über das Firmennetzwerk, mobiles Endgerät über das Firmennetzwerk) der Zugriff erfolgen darf,

- welche geographischen **Standorte** in die Lizenz eingeschlossen sind (was ist eine „Site“ in geographischer Hinsicht, werden auch Tochtergesellschaften einbezogen oder die gesamte „Legal Entity“, also das Unternehmen als Ganzes?),
- welche **Titel**, Ausgaben und Jahrgänge im Vertrag genau abgedeckt werden,
- ob ein **Bestandsschutz** verlangt wird, d. h. die Kündigung von bestehenden Printabonnements der identischen Titel untersagt wird (sollte nach Möglichkeit vermieden und Lizenzen und Abos getrennt voneinander behandelt werden),
- ob es darüber hinaus **Preismodelle** gibt, die neben der Online-Lizenz für eine gesamte „Legal Entity“ zusätzliche Printabonnements für einen reduzierten Preis ermöglichen,
- welche **Nutzungsstatistiken** erhoben werden und wie häufig,
- wann die **Vertragslaufzeit** und damit der Zugriff auf die Titel **startet**, vor allem, wenn beim Unterzeichnungs- oder Zahlungsprozess unerwartete Verzögerungen aufkommen, die man nicht vorher absehen oder beeinflussen kann,
- wann die **Vertragslaufzeit endet**, wichtig, weil der Lizenznehmer nach Ablauf vielleicht Änderungen im Vertrag vornehmen oder Titel nicht erneut lizenzieren will,
- in welchen Fällen eine **Kündigung** des Vertrages möglich ist, hier besonders auf Kündigungsfristen vor Ablauf des Vertrages achten oder Klauseln vermeiden, die eine automatische Verlängerung erwirken könnten,
- welche **Ansprechpartner** seitens des Verlages und seitens des Unternehmens zuständig sind.

Lizenzen sind in der Regel dahingehend begrenzt, dass sie folgende Nutzungsarten **strikt untersagen**:
- umfangreiche **Reproduktionen anzufertigen**, die über ein normales Nutzungsverhalten hinausgehen und sogar noch systematisch erfolgen,
- **Inhalte weiterzuverkaufen**,
- **Inhalte an Dritte, außerhalb des Unternehmens weiterzugeben**, die nicht von der Lizenz abgedeckt sind.

Tipps & Hinweise: Mustervereinbarungen für Lizenzverträge
Es gibt im Netz frei zugänglich einige Mustervereinbarungen, die Sie zurate ziehen können. Für forschende Unternehmen empfiehlt sich ein Blick in die „Pharmaceutical Model Licence“ vom PDR (Pharma Documentation Ring), nachzulesen auf den Webseiten des PDR:
- http://www.p-d-r.com/content/e7/e1427/FINAL2012_Model_Licence.pdf, übrigens immer wieder aktualisiert.
- Gut zum Einlesen ist auch die Corporate & Special Libraries Licence unter http://www.licensingmodels.org/SpecialLibrariesLicense.html.
- Hilfreich sind die Tipps von der EBLIDA zur Vermeidung von Fallstricken beim Abschluss von Lizenzverträgen: http://www.eblida.org/Activities/Publication/Licensing_digital_resources.pdf.
  (Stand aller Links: 28.04.2014)

Hinweise auf Mustervereinbarung

Erweiterte Vereinbarungen in Lizenzverträge werden vor allem dann nötig sein, wenn sie an spezielle Erfordernisse angepasst werden müssen. Da Unternehmen durch das geltende Urheberrecht bei den Nutzungsmöglichkeiten von Publikationen eingeschränkt sind, müssen mit Hilfe von Verträgen geeignete Regelungen gefunden werden.

Machen Sie sich deshalb vor den Verhandlungen über alle Punkte Gedanken und bringen Sie die entsprechenden Details von Anfang an in die Gespräche mit ein. Vereinbaren Sie vorher mit dem Einkauf oder auch Ihren Vorgesetzten, welche Kriterien absolute Priorität haben und welche für Sie verhandelbar sind.

Tipp zur Vorbereitung von Verhandlungsgesprächen

Übung zur Vertiefung des Themas:
- Wie könnte eine Lizenzvereinbarung für Ihr Unternehmen aussehen?
- Welche Kriterien haben bei Ihnen im Unternehmen Priorität?
- Entwickeln Sie zur Vorbereitung von Verhandlungen einen möglichen Vertragstext, der Ihre Wünsche reflektiert.

4.3.3 Verhandlung vor- und nachbereiten

Vielleicht gibt es in Ihrem Unternehmen eine Einkaufsrichtlinie, wie man grundsätzlich in Gespräche mit Lieferanten hineingeht. Letztlich werden nicht ohne Rücksprache mit den Entscheidungsträgern Verträge unterschrieben. Lassen Sie sich von Ihren Verlagen von vornherein **schriftliche Angebote** und detaillierte Leistungsbeschreibungen zukommen, so dass Sie später bessere Grundlagen für Ihre interne Diskussion und Entscheidungsfindung haben. Sie müssen schließlich die Angebote mehrerer Verlage einschätzen und im Sinne Ihres Unternehmens vergleichen können.

Die Zeit, die Sie vorher investieren, um vorbereitet in ein Gespräch zu gehen und sich Gedanken über das zu machen, was Sie erreichen wollen, ist nicht verschwendet. Es ist leichter, vor Abschluss eines Vertrages über Änderungen zu sprechen als hinterher. Dennoch, Verlage und ihre Angebote sind in der Regel Monopole (dieses besondere Titelangebot gibt es ja so nicht bei einem anderen Verlag) und Sie als Unternehmenskunde fühlen sich vielleicht eher in der defensiven Rolle. Aber Sie entscheiden mit, wofür das Geld ausgegeben wird. Ein **Verhandlungserfolg** besteht nicht nur darin, ob und wie viel Geld Sie gespart haben, sondern ob alle Ihre Bedingungen erfüllt sind. Machen Sie sich also auch Gedanken darüber, ob Sie dem Verlag signalisieren könnten, wo Sie unter Umständen auf einen Vertragspunkt verzichten könnten.

Checkliste Verhandlungen

- Machen Sie einen Termin mit genügend zeitlichem Vorlauf,
- treffen Sie sich persönlich mit dem Verlagsrepräsentanten,
- gehen Sie die Liste Ihrer Wunschkonditionen durch,
- vergleichen Sie mit dem Angebot,
- klären Sie alle Ihre offenen Fragen,
- machen Sie nach dem ersten Gespräch noch keine Zusagen,
- geben Sie sich und dem Verlagsrepräsentanten erneute Bedenkzeit, wenn Sie mit einigen Konditionen noch nicht einverstanden sind oder intern Rücksprache halten wollen.

Vielleicht gehen dem eigentlichen Verhandlungsgespräch schon Korrespondenzen per E-mail oder Telefonate voraus. Es ist wichtig, dass Sie die Gespräche gleich nach Beendigung der Telefonate protokollieren und zur **Vorbereitung** des eigentlichen Verhandlungsgesprächs parat haben. Sie erinnern sich an die Verlagsordner, die in Kapitel 4.1.1 angesprochen wurden? Sammeln Sie hier alle Details, die wichtig werden könnten – wenn‘s darauf ankommt, können Sie sich nicht alles merken.

Beraten Sie sich vorab intern mit den kaufmännischen Fachleuten. Besprechen Sie sich auch mit der **Rechtsabteilung** oder ziehen zur Not einen externen Fachjuristen hinzu, wenn Verträge umfangreicher werden. Ihr Feedback sollte gemeinsam in die Vorbereitung der Gespräche einfließen. Nehmen Sie sich bei umfangreicheren Angeboten einen der internen Kollegen (aus der Bibliothek oder dem Einkauf) mit in die Verhandlung. Zu zweit kann man sich in den Gesprächen ergänzen und verschiedene Rollen übernehmen, die man vorher abspricht. Große Unternehmen haben in der Regel Einkäufer, die mit eigenen Strategien und Methodenkompetenz verhandeln. Sie als Unternehmensbibliothek können fachliche Argumente beisteuern.

Verhandlungen können sich bei komplexeren Unternehmen und umfangreichen Lizenzverträgen und Paketen mitunter hinziehen. Es ist nicht getan, drei Wochen vor Start eines Kalender- oder Abonnementjahres mit den ersten Gesprächen zu beginnen. Starten Sie gleich nach der Sommerpause. Planen Sie unter Umständen **mehrere Gesprächsrunden** ein. Vielleicht werden Sie das Anfangsgespräch zunächst selbst führen, vielleicht einen Kollegen aus der eigenen Abteilung dabei haben und dann später noch den Einkäufer oder Geschäftsführer hinzunehmen. Das stärkt wiederum Ihre Position und signalisiert, dass Sie im Unternehmen Rückendeckung haben.

Dialog mit den internen Kunden

Fangen Sie im Sommer auch an, mit Ihren internen Kunden über Ihre Pläne zu sprechen, eine elektronische Bibliothek auf- oder auszubauen. Falls Sie dahingehend schon unterwegs sind, holen Sie Feedback zu den lizenzierten oder im Test befindlichen Titeln ein, um mit den Ergebnissen in einem späteren Verhandlungsgespräch zu taktieren (meint: nicht wirklich benötigte Punkte im Angebot wären Verhandlungsmasse).

Es gibt zwar viel Literatur, wie man **Verhandlungsgespräche** zum Erfolg bringen kann, aber man hat es immer mit individuellen, zwischenmenschlichen Situationen zu tun. Vertrauen Sie ruhig Ihrem gesunden Menschenverstand. Man sollte sich bestmöglich vorbereiten, all seine Fragen klären, flexibel bleiben und bei auftretenden Schwierigkeiten (weniger Budget, Angebot zu hoch, Leistung zu niedrig) versuchen, mit dem Verhandlungspartner eine Lösung zu finden. Konzentrieren Sie sich auf Ihre gegenseitigen Interessen, weniger darauf, Ihre Positionen zu verteidigen. Jeder ist eigentlich an einer langfristigen Zusammenarbeit interessiert und nicht daran, Fronten aufzubauen. Verlassen Sie nicht zu früh Ihren Standpunkt und behalten Sie Ihr Ziel im Auge. Viel Erfolg!

Tipp: werten Sie die Verträge hinterher aus.

Wenn Sie sich mit einem Verlag einig geworden sind, machen Sie eine **Auswertung** des geschlossenen Vertrages, mit den Basiskonditionen nach der Liste aus Kapitel 4.3.2. So haben Sie eine jährlich wiederkehrende Vergleichsmöglichkeit und können die Entwicklungen verfolgen. Sie werden sehen, jeder Verlag ist anders, jedes Angebot unterschiedlich und auch jedes Verhandlungsgespräch.

4.4 Katalogisierung und Benutzung elektronischer Ressourcen

4.4.1 Kriterien erfassen und darstellen

Checkliste Katalogisierung von Onlinepublikationen

In diesem kurzen Kapitel bitte ich bei den Fachlesern um Toleranz für Quereinsteiger. Nicht alle in einer Bibliothek Tätigen sind von Haus aus Bibliothekare oder geschulte Infoprofis. Gestatten Sie uns deshalb einen winzigen Ausflug in die wesentlichen Kriterien der **Katalogisierung** von Onlinepublikationen. Schauen wir uns zum Vergleich die Titel in einem der großen Onlinekataloge an (bspw. EZB), so sollten mindestens folgende Kriterien aufgeführt werden:

- Titel der Publikation,
- URL, am besten die Homepage, bzw. die Haupteinstiegsseite direkt auf dem Verlagsserver,
- die zeitliche Abdeckung des Volltextzugriffs: Erscheinungsjahr bei E-Books, Zeitrahmen bei E-Journals (elektronischer Bestand),

- bei Nachschlagewerken die Häufigkeit der Updates,
- Details für die Benutzung der Volltexte (User-IDs),
- Hinweise, mit welchen Endgeräten die Onlinepublikation nutzbar ist (PC, iPad u.ä.),
- Tipps und Infos, die zur Benutzung der Plattform hilfreich sein könnten.

Achten Sie auf Einheitlichkeit

Achten Sie auf eine formale **Einheitlichkeit der Darstellung**. Verwenden Sie möglichst immer ähnliche Ausdrücke. Das macht die Sprache einfach, erzeugt angenehme Wiederholungen und vermittelt Struktur und Sicherheit für den Informationssuchenden.

Voraussetzung für die Benutzung von Onlinepublikationen ist natürlich ein **Internetzugang**. Idealerweise hat Ihr Unternehmen ein Intranet oder einen Platz, von dem aus alle Mitarbeiter des Unternehmens innerhalb ihres Netzwerkes auf einer - einfach ausgedrückt – Liste die zur Verfügung stehenden Ressourcen finden können. Ein gemeinsames Laufwerk im Unternehmensnetzwerk reicht auch aus. Es ist wichtig, dass Ihre Kunden die virtuelle Anlaufstelle der Bibliothek kennen und wissen, dass sie dort die aktuellen Informationen über alle zugänglichen Onlinepublikationen finden können (siehe auch Kapitel 6 zum Servivceportal).

Falls Sie sich für eine Liste Ihrer Onlinepublikationen entscheiden, sollte diese natürlich in elektronischem Format dargestellt werden. Sei es als Excel-Tabelle, als Word-Dokument, als PDF oder eine vom Browser lesbare Liste im HTML-Format. In jedem Fall muss die URL als direkter Link zur Webseite der Publikation aus dieser Liste technisch funktionieren. Mit dem Mausklick darauf muss der Browser sich öffnen und den Nutzer auf die Homepage der Publikation führen. Wird die Liste im Laufe der Zeit größer, kann sie vielleicht zu einer kleinen Datenbank werden, die zur Abfrage hinter einer Webseite liegt.

Tipps für Darstellungsmöglichkeiten von Onlinepublikationen

Hat die Unternehmensbibliothek einen **Onlinekatalog**, sollten die Publikationen hier erfasst werden. Wer ein Bibliothekssystem mit einem integrierten Web-OPAC anbietet, wird sicher die Möglichkeiten nutzen, auch elektronische Publikationen dort zu erfassen. Der interne Kunde wird die Benutzung dieser Systeme vielleicht schon kennen. Wenn Sie elektronische und gedruckte Publikationen parallel von einem Titel anbieten, werden Sie vermutlich überlegen, ob Sie einfach die URL zum bestehenden Datensatz der Printpublikation hinzufügen. Es hat sich aber herausgestellt, dass oftmals einige Details wie ISSN, ISBN oder Zugriffszeiträume verschieden sein können, weshalb eine Extraaufnahme der Onlinepublikation sinnvoll erscheint.

Alphabetische Listen der von Ihnen angebotenen Onlinepublikationen erleichtern die Auffindbarkeit einzelner Titel. Manchmal sind auch Darstellungsmöglichkeiten nach Sachgruppen gewünscht. Zusätzlich dazu ist es vielleicht hilfreich, für die eigene Administration

- die Online-ISSN, Online-ISBN zu erfassen,
- den Verlag, die Verlagsplattform oder den Provider zu nennen, von dem aus der Zugriff auf die Publikation erfolgt,
- ein freies Kommentarfeld anzulegen, in dem zusätzliche Infos zum Vertrag oder bei Zugangsproblemen eingetragen werden könnten,
- Nutzungsrechte der Medien zu erfassen.

4.4.2 Informationen für die Kunden

Ist ein neuer Titel für Ihre elektronische Bibliothek freigeschaltet und in Ihrer Liste vermerkt, sollten Sie Ihre internen Kunden darüber informieren. Gleichzeitig sollten Sie die Zugangs-URL benennen, eventuelle Passwörter, und sonstige Informationen, die dem Kunden bei der Nutzung helfen könnten. Falls Sie eine Liste oder einen Katalog im Intranet angelegt haben, ist es schön, hier schon vorab zu vermerken, wenn ein Titel bald zur Verfügung steht. So machen Sie die Kunden schon einmal neugierig, haben ein Thema für den Newsletter. Vor allem ist es schön, bestimmte interne Zielgruppen gesondert anzusprechen, wenn Sie wissen, dass diese eine Publikation häufig nutzen.

Für den Fall, dass Kunden Literatur bestellen, die bereits elektronisch lizenziert wurde, weisen Sie Ihre Kunden darauf hin und schicken Sie ihnen den Link per E-Mail. Manche Unternehmen werden vielleicht dazu übergehen, dass die Onlinepublikationen bevorzugt benutzt werden sollen, bevor eine Druckausgabe bezogen wird. Aber das kommt natürlich auf die Prioritäten an.

Sensibilisieren Sie Ihre Kunden für das vernetzte „Wesen“ der Onlinepublikationen

Sensibilisieren Sie von Anfang an Ihre Kunden für den **Gesamtzusammenhang**, in dem Onlinepublikationen dargebracht werden. Erläutern Sie, was passiert, wenn diese in Google recherchieren – viele verwechseln dies mit dem Internet selbst. Es ist immer wieder erstaunlich, wenn sich Kunden darüber freuen, dass sie in Google eine Onlinepublikation mit Volltextzugriff gefunden haben und dies nicht in Verbindung damit bringen, dass die Unternehmensbibliothek mit einer Lizenz vielleicht dafür gesorgt hat. Hier ist Aufklärung gefragt. Bei Suchmaschinen gibt es ja keine direkten Inhalte, sondern nur Linklisten zu Inhalten anderer Webseiten.

Vielleicht haben Sie vom Verlag Material (Flyer) zugeschickt bekommen, in dem die Benutzung der Verlagsplattform erläutert wird. Falls nicht, fertigen Sie geeignete Infomaterialien an, die Sie in der Bibliothek auslegen oder bei Meetings verteilen können. Die unterstützenden Informationen sollten auch online (als PDF) in Reichweite zur Liste mit den Onlinepublikationen untergebracht werden und leicht zu finden sein.

Nutzungsrechte

In dem Lizenzvertrag, den das Unternehmen abgeschlossen hat, wurden die Konditionen für die Laufzeit des Vertrages vereinbart. Erläutern Sie deshalb in Ihrer elektronischen Bibliothek auch kurz die **Nutzungsrechte**. Eine Übersicht über die erworbenen Rechte allgemein, sowie speziell zu den Verlagen gibt sicher eine gute Orientierung. **Nutzungsrechte** sind Genehmigungen, die Sie vom Verlag erworben haben. Diese Information sollten Sie unbedingt gut lesbar auf Ihrer Webseite unterbringen. Weisen Sie immer wieder darauf hin, dass es sich nicht um das Eigentum des Unternehmens handelt, sondern um vorübergehende Rechte, die mit Ende der Vertragslaufzeit auslaufen. Ergreifen Sie die Maßnahmen, die in Kapitel 2.4.4 empfohlen wurden. Ergänzen Sie in Ihrem Katalog die Informationen über die Rechte bei jedem Vertrag, den Sie neu abschließen. Machen Sie eine Liste für das Intranet. Schön ist auch, bei jedem Titel etwas zu vermerken. Wenn ein Kunde Literatur bestellt, die Sie für ihn aus dem elektronischen Bestand erfüllen, weisen Sie auf den Titel und auf die jeweiligen Nutzungsrechte hin.

Wie in Kapitel 2.1 schon angedeutet, bietet die Technik Unternehmen viele Möglichkeiten, mit vorhandenen, digitalen Daten zu experimentieren. Denken wir dabei an Entwicklungen wie „Big Data“, sehen wir, dass Firmen aktiv ihre eigenen (oder vermeintlich eigenen) Daten zur automatisierten Informationsauswertung nutzen möchten. So kann es vorkommen, dass auch Inhalte ganzer Onlinepublikationen für andere, als die lizenzierten Zwecke verwendet werden. Text-Mining für die Suche nach inhaltlichen Zusammenhängen wird derzeit viel diskutiert und deshalb wären gerade die Inhalte der Fachinformationsquellen hierfür prädestiniert, obgleich dies nicht durch den Lizenzvertrag abgedeckt sein könnte.

Erkundigen Sie sich bei der IT oder beim Management, ob es Projekte in dieser Hinsicht gibt oder angedacht sind. Weisen Sie auf Lizenzverträge und das Urheberrecht hin. Die Modellizenz vom PDR enthält zum Beispiel eine Klausel zum Thema Text-Mining. Das bedeutet, bevor experimentiert wird, sollte auch hier immer die Zustimmung des Verlages eingeholt werden. Die Verlage beginnen gerade, Ihre Onlinepublikationen für derartige Projekte zu öffnen, und mit Hilfe einer standardisierten Lizenz Text-Mining zumindest für die akademische Forschung zu ermöglichen. Es bleibt abzuwarten, wie diese Entwicklung weitergeht, um Innovationen in Forschung und Entwicklung bei Unternehmen zu unterstützen.

4.4.3 Diagnose von Zugriffsproblemen

Typische Zugriffsprobleme auf Onlinepublikationen

Im Grunde könnten Sie sich jetzt auf Ihren Lorbeeren ausruhen: Sie haben hart verhandelt, Sie haben die idealen Nutzungsrechte lizenziert, alle Titel wurden pünktlich freigeschaltet und die Kunden sind informiert und freuen sich darüber. Aber so einfach ist es dann manchmal doch nicht. Wir haben es bei den Onlinepublikationen mit externen Angeboten zu tun. Sie müssen sich darauf verlassen, dass die Verbindung zur Außenwelt aus Ihrem Unternehmensnetzwerk heraus auf die Verlagsplattform funktioniert, dass die bezahlten Inhalte bereitgestellt und der Server des Verlages regelmäßig gewartet wird. Das ist aber leider nicht immer der Fall. Da Sie als Unternehmensbibliothek der interne Teil der Versorgungskette sind, wird man Sie vermutlich kontaktieren, wenn nicht geht, was eigentlich gehen müsste. Typische Probleme können sein:
- Error-Fehler-Meldungen beim Zugriff auf Volltexte,
- Verlagsserver antwortet nicht,
- unangekündigte Wartungen auf der Verlagsplattform verhindern den Zugriff auf Volltexte,
- aktuellste Artikeln sind noch nicht online gestellt,
- Falsche Links auf den Verlagsseiten,
- Änderung der Zugriffs-URL ohne Information an die Kunden,
- Änderung der Zugriffs-URL mit Information an die Kunden, aber Zugang geht trotzdem nicht,
- Forderung von Gebühren für Inhalte, für die eigentlich bezahlt wurde.

Wenn Sie einen Anruf von einem internen Kunden erhalten, sind Sie wiederum ein anderer „User" im Netz, und müssen sich erst einmal in seine Lage hineinversetzen. Sie sind nicht „Er" und sitzen nicht an seinem Rechner. Er will nur schnell Zugang zu einem Volltext und das Drumherum interessiert ihn vermutlich nicht. Vielleicht werden Sie sich heimlich bei dem Satz ertappen, den Sie selbst schon so oft von der IT gehört haben: „Das sollte doch eigentlich funktionieren." Wie kann man also eine **Fehlerdiagnose** stellen und die Probleme beheben?

Checkliste Fehlerdiagnose

Diagnose beim Kunden:
- Fragen Sie Ihren Kunden so genau wie möglich, was er von wo aus tun wollte, welche Onlinepublikation er benutzen wollte,
- vollziehen Sie seinen Weg zum „Error" so genau wie möglich nach. Mit „Error" sind hier alle Fehlermeldungen gemeint,
- checken Sie die Funktionalität der URL,
- lassen Sie sich einen Screenshot mit der „Error-Meldung" von Ihrem Kunden schicken,
- fragen Sie, welchen Volltext er herunterladen wollte und machen für ihn den Download, falls es bei Ihnen funktioniert.

Diagnose beim Verlag:
- Prüfen Sie, ob andere Onlinepublikationen funktionieren, die Sie bei diesem Verlag lizenziert haben,
- checken Sie bei Kollegen im Büro nebenan, ob es auf deren PC funktioniert,
- klären Sie, ob die Rechnungen an den Verlag bezahlt wurden und wann, holen Sie dazu Infos von der Buchhaltung ein. Kann sein, dass der Verlag Sie deshalb versehentlich gesperrt hat,
- Der Buchhändler oder die Agentur hat vergessen, Ihre Rechnung zu bezahlen oder Ihre Bestellung an den Verlag weiterzugeben oder sie ist dort nicht angekommen,
- kontaktieren Sie Ihren Ansprechpartner beim Verlag und schildern so genau wie möglich das Problem, schicken Sie Screenshots und alle Infos über beglichene Rechnungen mit,
- vergleichen Sie mit dem Verlag Ihre IP-Adresse oder das Zugangspasswort, schicken Sie dazu Ihre Abo-, oder Kundennummer mit. Arbeiten Sie mit einem Buchhändler oder einer Agentur, schicken Sie auch die Abonummer von der Agentur mit,
- die URL, die Sie benutzen ist falsch, recherchieren Sie deshalb Ihre Publikation von der Hauptwebseite oder der Plattform für Onlinepublikationen des Verlages erneut. Gleichen Sie die URL auch mit dem Verlag ab.

Diagnose bei der internen IT-Abteilung:
- Kommt ein Feedback vom Verlag, dass dort nicht die Ursache zu finden ist, müssen Sie die interne IT-Abteilung kontaktieren,
- schicken Sie ebenfalls URL und Screenshot dorthin, sowie die IP-Adresse, die Sie dem Verlag einstmals mitgeteilt hatten und das Zugangs-Passwort. Es kann sein, dass man die IP-Adresse des Unternehmens geändert und vergessen hat, die Unternehmensbibliothek zu informieren,
- Einstellungen am Rechner des Kunden verhindern ein Öffnen des Volltextes,
- der Acrobat Reader könnte beim Kunden nicht richtig installiert sein,
- der Internetbrowser wurde nicht richtig installiert,
- die Verbindung vom PC über das Firewall ins Internet könnte gestört sein.

Hinweise zur Kommunikation an die Kunden

Was auch immer die Ursache letztlich sein mag, eine **Info an die internen Kunden** kann aus folgenden Gründen notwendig werden:
- Wenn es sich bei der nicht funktionierenden Publikation um eine wichtige Quelle handelt, dann machen Sie einen Vermerk auf Ihrer Liste, um die anderen Kunden zur informieren,
- dauert das Problem länger als zwei Tage, dann schicken Sie eine Info an Ihre Zielgruppen,
- Informieren Sie den Kunden auch über mögliche Zwischenstände.

Die Unternehmensbibliothek ist in der Verantwortung, für die Lösung der Probleme zu sorgen, die mit dem Zugriff auf Onlinepublikationen verbunden sind. Deshalb ist es ratsam, diese zu dokumentieren. Machen Sie sich eine Übersicht über die Fehlerdiagnosen. Sammeln Sie die Korrespondenz in Ihrem „Verlagsordner“. Legen Sie sich eine Liste an, auf der Sie festhalten, was das Problem war, das Datum, an dem es gemeldet wurde, von wem es gemeldet wurde und schließlich, wann es gelöst wurde.

Sie werden versuchen, durch entsprechende interne Kommunikation mit der IT und mit dem Verlag Maßnahmen für eine schnellere Lösung eines eventuell erneut auftretenden Problems zu erreichen. Die Fehlerdiagnose und **Problemanalyse** ist wichtig, wie auch eine kleine Dokumentation, wenn Sie wieder in die Verhandlungsgespräche mit dem Verlag gehen und Bilanz ziehen.

Wie im vorigen Kapitel schon angedeutet, sind Text-Mining-Aktivitäten genehmigungspflichtig, weil es ansonsten zur Sperrung einer Plattform führen kann. Bei erhöhtem Downloading in sehr kurzer Zeit, kann eine entsprechende Meldung vom Verlag sofort am Bildschirm erscheinen. Hier ist die Unternehmensbibliothek mit der IT zusammen gefragt, herauszufinden, wo und wann diese Aktivität vorkam und dem Verlag zu versichern, dass man die internen Mitarbeiter darüber aufklärt.

4.5 Portfolio weiterentwickeln

4.5.1 Information-Life-Cycle überwachen

Bilanzieren Sie Ihr Onlineangebot

Lizenzen werden in der Regel von Haushaltsjahr zu Haushaltsjahr verhandelt . Von daher spricht man auch von einem „Life-Cycle“ der elektronischen Information. Gemeint ist ein Kreislauf aus Verhandlung, Bereitstellung und Lizenznutzung. Wieder können Sie sich nicht auf der Arbeit eines Jahres ausruhen. Spätestens zur Jahresmitte, steht es an, sich erneut Gedanken über das Onlineangebot des Folgejahres zu machen. Jetzt beginnt die Phase der Überprüfung und der ersten Bilanz. Dazu werden Sie schon während des Jahres und schließlich gezielt zur Vorbereitung des nächsten Zyklus folgenden Fragen nachgehen:

- Haben die Kunden das Angebot angenommen?
- Was ist gut, was ist schlecht gelaufen? Wo gab es technische Probleme?
- Wo war etwas zu teuer, wo angemessen?
- Bei welchen Titeln wird der Verlag mehr Gebühren verlangen?
- Wie wollen Sie Ihr Portfolio weiterentwickeln?

4.5.2 Statistiken auswerten

Fangen Sie mit den Statistiken an. Damit Sie nicht im Endspurt alles auf einmal erledigen müssen, empfiehlt es sich, die Statistiken monatlich auszuwerten. Entweder erhalten Sie diese direkt vom Verlag oder Sie können sich selbst mit einem Passwort von der Verlagsplattform die gewünschten Statistiken herunterladen. In der Regel verwenden die meisten Verlage die COUNTER-Statistiken. Dieser Begriff ist die Abkürzung für „Counting Online Usage of NeTworked Electronic Resources“. Es handelt es sich um eine Non-Profit-Organisation, die in Kooperation mit ihren Mitgliedern und Verlagen einen zur allgemeinen Verbindlichkeit erhobenen Standard anbietet. Dieser misst die Nutzung von Onlinepublikationen und stellt dies in einheitlicher, zuverlässiger und kompatibler Tabellenform (exportierbar in Excel) dar. COUNTER hat eine eigene Webseite. Diese erläutert die „Codes of Practices“ sehr detailliert, siehe http://www.projectcounter.org/ (Stand: 28.04.2014).

Gemessen werden verschiedene Aktivitäten auf den Verlagsplattformen. Vor allem die standardisierten Reports über die Anzahl der Downloads von Volltexten finden großes Interesse. Hier einige Beispiele der wohl interessantesten Reports:

- Number of Successful Full-Text Article Requests by Month and Journal (für E-Journals)
- Number of Successful Title Requests by Month and Title (für E-Books)

Und inzwischen auch für Mobile Endgeräte:

- Number of Successful Item Requests by Month, Journal and Page-type for usage on a mobile device

Die Statistiken erscheinen im Excel-Format, sie sind alle gleich aufgebaut, was es einfach macht, sie zu sammeln und miteinander zu vergleichen. Das Format ist so gut zu handhaben, dass Sie es mit „copy and paste“ in eine eigene Tabelle oder in eine Datenbank übertragen können. Liegen alle Ihre Statistiken nicht in einem einheitlichen Format vor, so ist es ratsam, sich selbst auf einen Standard festzulegen, um eine Vergleichbarkeit herzustellen.

Man kann für jeden Verlag ein Datenblatt in Excel anlegen und monatlich updaten. Jetzt können sie den **Nutzungsverlauf** Ihrer Titel in einer Zeitreihe verfolgen. Sie werden recht bald feststellen, dass es Trends gibt. Wahrscheinlich decken sich die gemessenen Trends mit Ihren Einschätzungen. Ihre Top 10 Journals werden vermutlich auch Online gut abschneiden. Erstaunlicherweise wird es im Laufe der Zeit keine großen Verschiebungen geben. Dennoch haben Sie jetzt ein Instrument in der Hand, schwarz auf weiß nachzuweisen, wie Ihre Services angenommen werden.

Die Statistiken sagen nichts darüber aus, wer einen Volltext gelesen hat. Dies ist in Deutschland aus datenschutzrechtlichen Gründen auch nicht erlaubt. Nutzungsstatistiken sagen auch nichts darüber aus, ob ein Volltext nützlich war, ob er ganz gelesen und verstanden wurde, ob der Inhalt vielleicht schon bekannt war, oder ob der Artikel letztlich doch nichts Neues enthalten hat. Sie sagen auch nichts über die Verweildauer, also die Aufmerksamkeit des Lesers an einem Text aus. Es kann sein, dass zufällig darauf geklickt wurde, um zu sehen, ob das PDF sich öffnet, oder dass nach 30 Sekunden entschieden wurde, die Webseite zu verlassen. Eine Bewertung der Inhalte, wie sie individuell vom internen Kunden vorgenommen wird, können diese Statistiken nicht liefern. Dazu müssen Sie die Kunden befragen.

Preis für Lizenz geteilt durch Anzahl Downloads ergibt einen fiktiven Preis pro Artikel.

Es ist beliebt, die Anzahl der Downloads eines Titels mit dem Preis für die Lizenz für den Titel ins Verhältnis zu setzen. So gelangen Sie zu einem Preis pro Download, den Sie gut mit dem Preis für eine externe Dokumentenbeschaffung vergleichen könnten. Sie können auch sehen, ab wie vielen Downloads sich ein Abo amortisiert. Aber auch dieser „Preis“ spiegelt nur vordergründig etwas über die tatsächlichen Kosten wider. Die gesamte Administration ist nicht berücksichtigt, genauso wenig der inhaltliche Wert der Onlinepublikation. Auch nicht die Benutzbarkeit einer bestimmten Plattform, auf der die Ressource liegt. Je nach Budget ist es vielleicht ausschlaggebend, dass Sie im nächsten Jahr auf eine Lizenz verzichten müssen. Auch das wird von den Prioritäten abhängen, die Sie und Ihre Organisation miteinander festlegen.

4.5.3 Kundenfeedback einholen

Dialog mit dem Kunden

Bevor Sie also in die Neu-Verhandlung Ihrer Lizenzen und in die gesamte Analyse des vergangenen Jahres gehen, ist es sinnvoll, das Feedback der Kunden einzuholen. Einmal mehr, weil Sie interessiert daran sind, wie das Angebot angenommen wird und auch, ob sich ein anderer Bedarf entwickelt hat. Schließlich wollen Sie ja Ihr Angebot am Bedarf ausrichten.

Die Statistiken liefern Trends, Ihre Kunden liefern Entscheidungen. Planen Sie ein Gespräch mit Kunden und Entscheidern (Runder Tisch) vor den Vertragsverhandlungen.

- Bilanzieren Sie das Jahr,
- zeigen Sie die Ergebnisse Ihrer Analyse, sowie die Nutzung, technischen Probleme, die häufigsten Fragen und positiven Aspekte, die sich bei der Nutzung der Onlinepublikationen ergeben haben,
- tauschen Sie sich aus und erforschen Sie, ob es noch offene Fragen und Wünsche gibt, die trotz Ihrer guten Planung bisher noch nicht beantwortet werden konnten,

- erläutern Sie die Ziele für Ihre nächste Lizenzperiode,
- erkundigen Sie sich nach der Benutzbarkeit des gesamten Angebotes, sowie der Qualität einzelner Dienstleistungen.

Sie können aus diesen Gesprächen ableiten, wo noch Schulungsbedarf ist, wo noch Informationslücken herrschen und die Ergebnisse in die Verhandlungen einbringen.

Dialog mit dem Management

4.5.4 Feedback ans Management

Natürlich sollte wieder ein Protokoll und eine Bilanz ans Management gehen, wie die **Entwicklung** der elektronischen Unternehmensbibliothek voranschreitet. Haben Sie einmal den Schritt getan, werden Sie schlecht wieder davon abweichen. Sinnvoll ist vielleicht ein Zeitpunkt, der noch vor den Budgetplanungen und nach dem Feedbackgespräch mit den Kunden stattfindet. Verdeutlichen Sie den erreichten Nutzen, berücksichtigen Sie dabei das Kundenfeedback und machen Sie auf Trends aufmerksam. Scheuen Sie sich nicht, auch Schwierigkeiten und Verbesserungsbedarf anzusprechen.

Ein regelmäßiges und persönliches Gespräch mit den Vorgesetzten ist besser als ein einmaliges Feedback. Machen Sie darüber hinaus deutlich, dass und wie sich Ihre Arbeitsweisen durch das elektronische Angebot verändert haben. Zeigen Sie auch, wo und an welcher Stelle Ihre Arbeitsabläufe virtueller geworden sind und was das wiederum für Konsequenzen für die Administration der digitalen Services und für Ihre tägliche Arbeit mit sich bringt (siehe auch Anmerkungen zum Berufsbild in Kapitel 7).

Literaturhinweise zu Kapitel 4:

Digital Libraries: Principles and Practice in a Global Environment/Lucy A. Tedd und Andrew Large. - München: Saur, 2005

Giavarra, Emanuella: Licensing Digital Resources: How to avoid the legal pitfalls. - 2nd ed. - Den Hag: EBLIDA, 2001, http://www.eblida.org/Activities/Publication/Licensing_digital_resources.pdf (Stand: 22.04.2014)

Harris, Siân: Libraries learn to love E-books. - In: Research Information (2013), April/May Issue 65, S. 12 ff.

Johnson, Peggy: Developing and Managing Electronic Collections: the Essentials. - Chicago, Ill.: American Library Association, 2013. - (ala editions)

Keller, Alice: Elektronische Zeitschriften: Grundlagen und Perspektiven. - 2., aktualisierte und stark erw. Aufl. - Wiesbaden: Harrassowitz, 2005. - (Bibliotheksarbeit ; 12)

Noorden, Richard Van: Elsevier opens its papers to text-mining. - Nature News, Vol. 506 (2014) Nr. 7486, posted online 03 Februar 2014, http://www.nature.com/news/elsevier-opens-its-papers-to-text-mining-1.14659 (Stand: 22.04.2014)

Pedley, Paul: Practical Guide to Negotiating Licenses for Electronic Products. - Ashford : Free Pint Ltd., 2003

The Updated Pharmaceutical Model Licence for E-Journals/Philip Ditchfield und Henning Nielsen. - In: Serials, 21 (2008) Nr. 1, S. 25 ff.

5 E-Procurement-Lösungen für Literaturbestellungen

Im nun folgenden Kapitel versuchen wir, anhand von zwei klassischen Dienstleistungen zu zeigen, inwieweit im Internet vorhandene Online-Liefer-Services für Fachliteratur Unternehmensbibliotheken unterstützen können. Document-Delivery-Services, auch Dokumentenlieferdienste genannt, sind eine Literaturbestellung besonderer Art. Hierbei können kopierte Auszüge von Publikationen bestellt und geliefert werden. Bei der Buchbestellung werden neue Online-Lösungen und Lieferkonzepte von Fachbuchhändlern entwickelt. Der Begriff E-Procurement stammt aus der Betriebswirtschaft und bezeichnet sowohl den Vorgang der Beschaffung einer Ware, als auch die Prozesse und die dazugehörige Logistik auf elektronischem Weg. Während es in Kapitel 3 eher allgemein um die Durchführung von Outsourcingprojekten in Unternehmen ging, widmen wir uns im Folgenden realen Szenarien. Wir versuchen dabei auch Kriterien herauszuarbeiten, die Sie bei der Lieferantenauswahl unterstützen können.

5.1 Document-Delivery-Services

5.1.1 Analyse von Serviceangeboten

Dokumentenlieferservices und Ihre Dienstleistungen

Für viele Unternehmensbibliotheken ist die Organisation von Dokumentenlieferdiensten eine wichtige Dienstleistung am internen Kunden. Da diese oft wenig Zeit haben, selbst nach Quellen zu suchen, ist ein **schneller Auftrag** an die Bibliothek Alltag. Teil eines guten Services ist es, den Kunden so schnell wie möglich mit einer Informationsquelle intern oder von außen zu versorgen. Jede Unternehmensbibliothek wird diesem Service **hohe Priorität** einräumen. Je nach Menge der anfallenden Bestellungen ist eine Erfüllung ohne professionelle Dokumentenlieferdienste schwer möglich. Die Unternehmensbibliothek wird sich bemühen, bei der Auswahl von Lieferanten ein besonderes Augenmerk auf dessen Leistungsfähigkeit zu legen. Das Internet bietet die alles integrierende Plattform dafür – von der webbasierten Bestelloberfläche bis hin zur Lieferung kann der ganze Prozess online erfolgen.

Bei diesem Service handelt es sich darum, Auszüge von Publikationen als Kopie dieser Dokumente zu beschaffen. Quellen für diesen Service sind Buch- und Zeitschriftenbestände aus öffentlichen und wissenschaftlichen Bibliotheken, die als Direktanbieter Lieferservices aus ihren eigenen Sammlungen per Post, Fax oder E-Mail anbieten. Sie beliefern eher den akademischen oder privaten Kunden für Einzelbestellungen.

Darüber hinaus gibt es für Unternehmen mit hohem Bestellaufkommen Provider, die von der Bestellung bis zur Rechnung einen integrierten und an Unternehmenskunden angepassten Vollservice bieten können. Sie haben oftmals direkte Liefervereinbarungen mit verschiedenen Bibliotheken, Verlagen oder kooperieren mit anderen Anbietern. Deshalb können Sie mitunter Original-PDFs von Verlagen minutenschnell liefern. Der Kunden bekommt im Einzelnen nicht mehr mit, woher die Kopie bezogen wurde. Diese Provider wollen mit ihrer speziellen Logistik reibungslose Abläufe garantieren.

Im Prinzip gleichen sich alle **Bestellvorgänge, bei denen der Kunde selbst bestellt**: er muss sich mit seiner Liefer- und Rechnungsadresse registrieren, dann kann er seine Bestellung mit den gewünschten Lieferdaten wie Autor, Titel, Seitenzahl, Buch- oder Zeitschriftentitel, Jahrgang, Jahr, ISSN/ISBN versehen. Er schickt die Bestellung an den Lieferanten. Anhand dieser Angaben wird eine Kopie des Artikels erzeugt, die als PDF per E-Mail an den End-Kunden versandt wird. Bestellungen werden nur noch per Post oder Fax erfüllt, wenn dies der Ausnahmewunsch eines Kunden wäre. Die Rechnung folgt per PDF oder Post.

Eigene Bestände in den Bestellprozess einbinden

Manche Provider bieten einen Bestandsabgleich an. Das bedeutet, sofern von der Unternehmensbibliothek eigene Bestände ihrer elektronischen und physischen Bibliothek in Form einer Titelliste hinter die Bestellplattform hinterlegt wurden, können diese während des Bestellvorgangs automatisch mit den Daten der Bestellung verglichen werden. Dem Kunden wird dies unmittelbar mitgeteilt, so dass externe, kostenpflichtige Kopien vermieden werden. Dem Kunden können nach einem Bestandsabgleich Links zu intern vorhandenen Volltexten während des Bestellvorgangs zugespielt oder per E-Mail zugeschickt werden. Der Download ist durch die eigene, bereits vorhandene Lizenz abgedeckt.

Sammelrechnung und Statistiken können ebenfalls im digitalen Format erfolgen. Vor allem Großunternehmen, die mit einem automatisierten Rechnungsworkflow arbeiten, können umfangreichere Rechnungen in einem gewünschten elektronisch lesbaren Format erhalten, um diese automatisch einzuspielen und beispielsweise gleich auf mehrere Kostenstellen zu verteilen.

Die inzwischen auf dem Markt befindlichen Document-Delivery-Services sind mit ihren Lösungen bereits sehr weit automatisiert. Besteller und Empfänger der Literatur sind die internen Kunden. Damit ist ein **End-User-Self-Service** realisiert, bei dem ein manuelles Eingreifen einer Unternehmensbibliothek in den reinen Bestell- und Lieferprozess eigentlich nicht mehr notwendig ist. Die Unternehmensbibliothek hat vielmehr die Aufgabe, den Anbieter bei der Konfiguration der Bestellplattform nach den internen Erfordernissen zu unterstützen und nachher die eigenen Kunden bei der Benutzung der Plattform zu betreuen.

Expertise der Unternehmensbibliothek ist gefragt!

Die Services sind zwar an sich standardisiert, aber die Abläufe müssen trotzdem im Einzelnen in **Kooperation zwischen Lieferant und Unternehmensbibliothek** konzipiert werden, wenn sie maßgeschneidert sein sollen. Die Abläufe im Hintergrund sind komplex. Weder die Bestände der elektronischen Bibliothek, noch die Rechnungsschritte oder die intern notwendigen Statistiken kann der Lieferant vorher kennen. Schon bei der Einrichtung der Bestelloberfläche ist das Wissen einer Unternehmensbibliothek notwendig. Sie kennt die bisherigen Bestellwünsche der Kunden und sie kennt die internen Prozesse und Schnittstellen im Unternehmen.

FAQ zum Thema Dokumentenlieferung:
Es lohnt sich, genauer zu analysieren, wie die Dokumentenlieferung im eigenen Unternehmen bisher organisiert wird. Anhand der folgenden Fragen können Sie sich einen Überblick verschaffen:
- Welche Dokumente werden in der Regel bestellt?
- Wie hoch ist das Bestellaufkommen?
- Wer führt die Bestellungen durch?
- Wo wird bestellt und wer sind die Lieferanten?
- Welche Formate werden geliefert, gedruckt oder elektronisch?
- Sind die Nutzungsrechte geklärt, bzw. allen Mitarbeitern bewusst?

Falls Sie eine Kooperation mit einem externen Lieferanten ausbauen wollen, beantworten Sie sich zur Vertiefung und weiteren Einordnung des Projektes in Ihre internen Abläufe die unten stehenden Fragen zum Ist-Zustand:
- Wie viele Personen aus der Unternehmensbibliothek sind am jetzigen Ablauf beteiligt?
- Welche internen Abteilungen oder Funktionen werden darüber hinaus laufend in den Beschaffungsprozess einbezogen?
- Gibt es technische Schnittstellen, wie ein Bestellformular im Intranet?
- Unter welchen Voraussetzungen kann Literatur bestellt werden?
- Welche weitere Kriterien wären darüber hinaus für Sie wichtig?

5.1.2 Umgang der Lieferanten mit Copyright

Es ist leider nicht alles rechtlich erlaubt, was technisch möglich wäre. Bei Dokumentenlieferdiensten ist nur die Übermittlung einer „Quasi-Papierkopie" auf elektronischem Weg erlaubt. Dies wird mit Hilfe von technischen Komponenten, den sogenannte DRM-Methoden (Digital Rights Management), geregelt: DRM gewährleistet, dass die grafischen Dateien im PDF-Format bei der Übermittlung verschlüsselt und somit technisch vor anderweitigem Gebrauch geschützt werden. Der Empfänger installiert, je nach Lieferant, ein bestimmtes Plugin auf dem Acrobat Reader. Beim Öffnen der Lieferung (PDF) „registriert" er seinen PC und ist damit als Einziger berechtigt, das Dokument nur wenige Male zu öffnen und zu drucken. Bisher ist es so, dass nach Ablauf einer Frist von 30 Tagen das weitere **Zugriffsrecht** auf das Dokument erlischt. Teilweise werden Dokumente auch mit einem Wasserzeichen versehen, die Lieferant und Empfänger des Dokumentes kennzeichnen. Ein Weiterleiten des Dokumentes ist zwar möglich, aber ein mehrmaliges Öffnen oder Drucken von verschiedenen Nutzern wird somit technisch verhindert (sofern der Provider mit dem Verlag keine anderen Vereinbarungen getroffen hat).

Wenn beispielsweise die Unternehmensbibliothek für einen internen Kunden bestellt, muss sie darauf achten, das Dokument nicht zu öffnen und gleich an den Kunden weiterzuleiten. Sonst hat er keinen Zugriff mehr.

Dokumentenlieferdienste informieren auf ihren Webseiten über rechtliche **Rahmenbedingungen und Lieferoptionen.** Eine Zusammenarbeit mit den Rechteinhabern ist hier selbstverständlich, um eine rechtlich einwandfreie Belieferung und Nutzung zu garantieren. Sind über das reine Bestellen und Empfangen von Artikelkopien hinaus weitere Wünsche vorhanden, als die Kopie nur auszudrucken und dann zu löschen, so erfüllen die Document-Delivery-Provider teilweise auch diese. Manche Lieferanten bieten an, erweiterte Nutzungswünsche als Sonderrechte für den Kunden bei den Verlagen oder Rechteinhabern zu erwerben (beispielsweise eine Kopie weiterleiten zu dürfen, elektronische Mehrfachkopien für viele Kollegen anzufertigen, eine Kopie auf einem Firmenlaufwerk zu speichern). Nicht für alle Wünsche sind auch alle Rechte einholbar, das hängt stark davon ab, ob der Verlag mit dem Lieferanten eine Vereinbarung getroffen oder im Einzelnen vorher gegen eine entsprechende Gebühr zugestimmt hat. Sind gegebenenfalls zusätzliche Nutzungsrechte vom Unternehmen direkt mit einem Verlag verhandelt worden, so können diese, genau wie die Bestände auch, ebenfalls in den Bestellprozess integriert werden.

5.1.3 Lieferantenauswahl

Checkliste über den bestehenden internen Ablauf.

Vor Kontaktaufnahme zu einem möglichen Lieferanten, ist es wichtig, den bestehenden **internen Ablauf** zu analysieren, mit dem im Moment eine Dokumentenlieferung erfolgt. Klären Sie ergänzend zu den FAQs aus dem vorigen Kapitel die folgenden Fragen, und beziehen Sie den unternehmensinternen Eigenanteil an diesem Service mit ein:

- Wer bestellt beim Lieferanten (Kunde oder Bibliothek)?
- Aus welchen Fachinformationsquellen werden Kopien bestellt?
- Aus welchen Fachgebieten wird am meisten bestellt?
- Wird geprüft, ob die Bestellung aus den eigenen Beständen heraus erledigt werden kann?
- Auf welchem Weg werden die Literaturbestellungen aufgegeben?
- In welchem Format kann dies erfolgen?
- Von welchen Zielgruppen kommen Bestellungen?

- Welche der Zielgruppen bestellt am häufigsten?
- Wie lange sind die momentanen Lieferzeiten?
- Wer ist der jetzige Lieferant, woher kommen die Dokumente?

Checkliste Dokumentenlieferdienste

Zur Veranschaulichung können Sie ein Ablaufschema des bisherigen Prozesses erstellen. Konzentrieren Sie sich darauf, an welchen Stellen des Prozesses Sie eine Verbesserung wünschen und warum.

Als nächstes überlegen Sie sich, welche **Leistungen** ein Lieferant mitbringen sollte und welche für Ihr Unternehmen am wichtigsten sind. Hier ein paar Vorschläge:
- Kundenstruktur des Lieferanten (Größe, Branchen),
- inhaltliche Lieferschwerpunkte (Themen, Medienarten),
- Lieferspektrum (Artikel, Reports, Tagungsbeiträge, Dissertationen, Normen, Patente u.ä.),
- Qualität und Format der Dokumente,
- Bestelloberfläche (Benutzerfreundlichkeit, Anpassungsfähigkeit),
- Liefermethoden (digital, physisch),
- Standards für Lieferzeiten (für sehr eilig, für schnell, für normal),
- Lieferstatistiken,
- Preismodelle (Festpreis oder Verlagspreis),
- Transparenz der Preisgestaltung,
- Gebühren für weitere Services (Plattformnutzung, Liefergebühr, Erfüllung von unternehmensspezifischen Sonderwünschen),
- Beachtung und Erweiterung der Urheberrechte,
- Professionalität (Auftreten, Kommunikation, Flexibilität im Bezug auf Kundenwünsche).

Checkliste für den Auswahlprozess

Neben diesen genannten Kriterien können Sie auch den Dienstleister selbst wieder überprüfen, siehe die Checkliste aus Kapitel 3.2.3.

Fassen wir für das Projekt Document Delivery noch einmal zusammen, worauf Sie bei der Auswahl eines externen Providers achten sollten (vgl. Kapitel 3.2.4):
- Stellen Sie vorab Ihre Kriterien zusammen,
- priorisieren Sie Ihre Anforderungen, finden Sie Ihren Fokus,
- suchen Sie sich mehrere Anbieter zum Vergleich,
- vereinbaren Sie Testläufe, um ein Gefühl für die Qualität zu bekommen,
- bestellen Sie auch exotische Literatur, die sonst schwierig zu beschaffen ist,
- bestellen Sie die gleichen Titel bei allen Lieferanten, mit denen Sie testen und vergleichen die Ergebnisse,
- finden Sie objektive Kriterien zur Bewertung der Services, um einen Gesamteindruck zu untermauern.

Kundenwünsche berücksichtigen

Kennen Sie die **Gewohnheiten** der Kunden? Erkundigen Sie sich, was die häufigsten Nutzungswünsche und Bestellgründe sind, wie hoch die Verweildauer im Schnitt bei einem Dokument ist (subjektive Einschätzung). Durch die Zunahme an Aktivitäten im Internet gewöhnen sich die Kunden immer mehr daran, selbst zu bestellen. Es ist auch denkbar, dass durch die Nutzung unternehmensinterner elektronischer Quellen das Verwenden von PDF-Kopien bevorzugt wird. Die Kundenwünsche sollten bei der Entscheidung zugunsten eines externen Services berücksichtigt werden.

5.1.4 Bewertung des Services

Zum Abschluss des Kapitels ein paar Vorschläge zur Bewertung des (neuen) Services. Sie wissen ja bereits, dass man immer den **Nachweis** des Nutzens erbringen muss. Nach Einführung eines E-Procurement-Projektes erfolgt eine Bilanz, vielleicht nach einem Jahr, wenn es darum geht zu entscheiden, ob Sie weiter mit einem bestimmten Anbieter arbeiten wollen. Aber darüber hinaus geht es um die langfristige Beobachtung der Aktivitäten auf der Document-Delivery-Plattform. Der Lieferant sollte Sie mit entsprechenden Statistiken versorgen können.

Gehen Sie für die **Bewertung der Gesamtsituation** noch einmal von der anfänglichen Fragestellung aus, warum Sie sich für einen bestimmten Anbieter entschieden haben. Versuchen Sie die messbaren Kriterien zu rekapitulieren, die für Ihre damalige Entscheidung ausschlaggebend waren. Sie sollten überprüfen, ob Sie mit der Wahl dieses Anbieters Ihr Ziel erreicht haben.

Haben Sie Ihre intern lizenzierten Titel in den Bestellprozess integriert, vergleichen Sie auch den Anteil intern und extern erfüllter Bestellungen über die Plattform. Sie können die gewonnenen Erkenntnisse für die **Planung Ihres Portfolios** nutzen. Da Sie als Unternehmensbibliothek den tatsächlichen Bedarf an Publikationen decken wollen (Sie erinnern sich, „on demand"), können Sie hier Anpassungen an Ihre Kollektion vornehmen. Darüber hinaus können Sie die Nachfrage von weiteren Titeln, die Sie nicht im internen Angebot haben, besser einschätzen.

Neben harten Fakten, wie Bestellstatistiken, zählen auch die weichen, wie allgemeine **Zufriedenheit** mit dem Service (vgl. hierzu Kapitel 3.2.3, Checkliste Provider) oder die Akzeptanz des Services durch die Kunden. Schön ist es, dies mit Beispielen zu untermauern.

5.2 Bucheinkaufsportale

Die Versorgung der Mitarbeiter mit Fachbüchern gehört ganz klassisch zu den Standardaufgaben von Unternehmensbibliotheken. Webbasierte Technologien können uns gut dabei unterstützen, die Literaturbestellungen effizient zu organisieren. Im Folgenden widmen wir uns dabei den Bucheinkaufsportalen. Hier kann ein digitaler Workflow die physische Wanderschaft eines Buches vom Buchhändler bis zum Kunden steuern. Der Begriff Buch steht hier natürlich stellvertretend für alle im Buchhandel lieferbaren Publikationen.

5.2.1 Verschiedene Modelle für den Bucheinkauf online

Bucheinkaufsportale im Internet

Einkaufsportale gibt es im Internet für käuflichen Waren aller Art. Die größte und bekannteste Plattform auf dem Markt ist den meisten sicher durch die Online-Buchbestellung bekannt geworden, auch wenn dort inzwischen alle nur denkbaren Waren angeboten werden. Längst nutzen wir die „stöberfreundlichen" Webseiten wie selbstverständlich für **Auskünfte über (Fach-)Literatur**. Wir lesen die Kundenrezensionen, blättern durch Inhaltsverzeichnisse, lassen uns Titel empfehlen, sehen das Umschlagbild und bekommen die wesentlichen formalen Kriterien angezeigt, die uns bei der Auswahl einer Publikation helfen. Kommentare und Rezensionen von anderen Lesern sollen die Entscheidung erleichtern. Thematisch verwandte Titel können darüber hinaus sichtbar gemacht werden, wie ein Gang am Regal entlang („wer dies Buch gekauft hat, hat auch jenes gekauft"). Ein Widerrufsrecht ermöglicht zudem eine Rückgabe aller über das Internet bestellten Güter innerhalb von zwei Wochen, sofern der Händler nichts anderes anbietet.

Mittlerweile sind viele **Fachbuchhändler** ebenfalls auf dem Markt präsent und haben Einkaufsportale ins Netz gestellt. Sie enthalten die Daten von Verzeichnissen aktuell lieferbarer Bücher. Alles, was lieferbar ist und demnächst aufgrund von Verlagsmeldungen erscheint, kann online bestellt werden. Viele Fachbuchhändler haben aufgerüstet und bieten Zusatzservices an. Sie können diese **Bestellkataloge** nicht nur als Verkaufsplattform verwenden, sondern auch für andere Zwecke. Manche bieten auch eine integrierte Literaturverwaltung für Unternehmensbibliotheken an.

FAQ zum Thema Buchbestellungen in Ihrem Unternehmen:
Sie haben sicher auch schon Erfahrungen als Besteller in einem Online-Shop gemacht. Was ist für Sie ein gelungenes Beispiel für ein Einkaufsportal und warum? Welche Kriterien zur Bewertung fallen Ihnen aus Ihrem Alltag ein? Welche persönlichen Erfahrungen haben Sie dabei gesammelt, die für die Konzeption eines Bucheinkaufsportal nützlich wären? Klären Sie darüber hinaus folgende Fragen:
- Wie wichtig sind Buchbestellungen in Ihrem Unternehmen?
- Wer erbringt diese zur Zeit?
- Wie viel Zeit wird dafür aufgewendet?
- Wie teilt sich diese Zeit auf in a) reine Bestellungen, b) Rückfragen, c) Rückgaben, d) prüfen von laufenden, unerfüllten Bestellungen?

Bestellmodelle

Wenn die Unternehmensbibliothek einen Teil der Arbeit automatisieren möchte, dann sind drei Grundmodelle denkbar, mit denen man eine Online-Buchbestellung organisieren könnte. Die Ausgestaltung kann im Einzelnen variieren und sich an die intern vorhandenen Prozesse anpassen.

Modell 1:
Die Unternehmensbibliothek bestellt zentral für alle Mitarbeiter online. Sie erhält das Buch, inventarisiert selbst und organisiert die Ausleihe.

Modell 2:
Jeder Kunde bestellt dezentral online für sich, die Unternehmensbibliothek erhält das Buch und inventarisiert selbst und schickt es dann an den Kunden.

Modell 3:
Der Kunde bestellt dezentral online und erhält das Buch direkt. Die Inventarisierung erfolgt vom Buchhändler extern und automatisiert bei der Zustellung.

Neben einer Entscheidung für ein Modell können zusätzliche Aspekte wichtig sein, wie zum Beispiel:
- Doublettenkontrolle vor einer endgültigen Bestellung,
- Rückmeldungen über den Lieferstatus,
- Zustellung an den Besteller,
- Eingang des Buches im Unternehmen,
- Aufnahme des Titels in ein Verzeichnis oder einen Katalog,
- Signatur und Ausleihe,
- Standort des Buches im Unternehmen (dezentral).

Für die Lieferantenauswahl selbst können wieder die allgemeinen Kriterien aus dem vorigen Kapitel 5.1.3 herangezogen werden.

Vertiefung zum Thema:
Überlegen Sie, welches der oben genannten Modelle in Ihren Kontext passen und welches Modell Sie bevorzugen würden. Würden das auch Ihre Kunden oder Ihr Management so sehen? Erkundigen Sie sich bei Ihrem Fachbuchhändler, ob ein oder mehrere Modelle für Unternehmenskunden angeboten werden.

5.2.2 Bestellung über den Online-Katalog

Checkliste Bestellportale

Widmen wir uns zunächst der reinen Bestellung über den Online-Buchkatalog. Wenn Sie beabsichtigen, diesen Service Ihres Fachbuchhändlers in Anspruch zu nehmen, ist es hilfreich zunächst ein paar Hintergrundinformationen zu sammeln. Erkundigen Sie sich über:

- Aktualität des angebotenen Kataloges,
- Umfang der Medienarten,
- Anzeige und Lieferung von Publikationen aus dem In- und Ausland,
- Umgang mit Abonnements von Zeitschriften, Loseblattsammlungen, Buchserien,
- Umgang mit Ansichtslieferungen und Rückgaben,
- automatische Doublettenkontrollen,
- Umgang mit Bestellungen von Medien, die nicht im Katalog verzeichnet sind,
- Neuerscheinungslisten über Ihre Fachthemen,
- Anpassungsmöglichkeiten an unternehmensspezifische Bestellprozesse,
- Anpassungsmöglichkeiten der Bestellplattform,
- Zusatzgebühren,
- Möglichkeit der Durchführung von Testbestellungen,
- Transparenz über den Lieferstatus,
- E-Mail-Benachrichtigungen,
- Statistiken,
- Umgang mit offenen Bestellungen.

Checkliste Schnittstellen

Wenn Sie den Bestellvorgang ganz an Ihre internen Kunden verlagern wollen, machen Sie sich eine möglichst klare Vorstellung davon, wie die **Schnittstellen** zwischen dem internen Kunden, der Unternehmensbibliothek und dem Lieferanten aussehen sollen. Darüber hinaus sollten Sie die **Rolle der Unternehmensbibliothek** bei der Bereitstellung dieses Services neu definieren. Sie geben schließlich einen Teil Ihrer bisherigen „Kernaufgabe" auf und entscheiden sich statt dessen dafür, den reibungslosen Ablauf zu kontrollieren und zu gewährleisten. Sie unterstützen Ihren Kunden also eher im Hintergrund. Dennoch können Sie von hier aktiv in das Geschehen eingreifen, in dem Sie sich entscheiden, bei welchen Schritten im Bestellprozess eine Interaktion zwischen Ihnen, dem Kunden und dem Lieferanten notwendig und sinnvoll sein könnte. Sie können ja nicht voraussetzen, dass sich alle mit Begriffen wie Auflagen, Ausgaben, Übersetzungen, Versionen, Abonnementskonditionen und anderen buchhändlerisch-bibliothekarischen Begriffen auskennen. Bei folgenden Arbeitsschritte könnte das der Fall sein:

- Einsicht in den Bestellstatus von allen Bestellern,
- Einsicht in den Genehmigungsprozess,
- Ausschluss von bestimmten Medientypen, deren Erwerb ausschließlich über die Bibliothek getätigt werden soll,
- Klärung bei Fragen zur Version einer Publikation,
- Rückfragen zu Bestellungen,
- Transparenz über die Kommunikation zwischen Lieferant und internem Kunden,
- Kontrolle der Rechnungen,
- Übersicht über das Bestellaufkommen anhand von Statistiken.

Vorschläge zur Vertiefung:
Vielleicht werden in Ihrem Unternehmen auch schon andere Dinge des täglichen (Büro-)Bedarfs übers Internet bestellt und eine Online-Buchbestellung würde von daher dazu passen. Vielleicht haben Sie einen guten Buchhändler, der aber nur Bestellungen per Fax annimmt (dachten Sie zumindest bisher). Erkundigen Sie sich, was alles möglich ist. Verfahren Sie bei der möglichen Lieferantenauswahl wie in Kapitel 3.2. Sie können sich auch an der kleinen Checkliste am Ende von Kapitel 5.1.3 orientieren und diese nach Ihrem Bedarf ergänzen.

5.2.3 Der Online-Katalog im automatisierten Einkaufsworkflow

Einen Schritt weiter gehen Fachbuchhändler, die ihre Buchbestellkataloge in automatisierte Einkaufsworkflows von Unternehmen einbinden können. Dann wäre die vollkommene Automatisierung erreicht. Entwerfen wir ein **denkbares Szenario**.

Bücher sind zunächst einmal Waren, die für den Bedarf der Mitarbeiter eingekauft werden müssen. Vor allem größere Unternehmen haben Einkaufsprozesse teilweise automatisiert. Oftmals wird mit einer bestimmten Auswahl von Standardlieferanten gearbeitet, mit denen Verträge über die Konditionen bestehen. Unterstützt werden **automatisierte Geschäftsprozesse** von Software, die Daten über Standardlieferanten, Konditionen, interne Budgets und Kostenstellen, Bestellvorgänge, Eingang und Bezahlungen von Rechnungen etc. erfasst. Wie wir wissen, unterstützen diese Anwendungen noch viele andere Aspekte der Unternehmensverwaltung. Für dieses Kapitel steht der Einkauf, seine Prozesse und die dabei anfallenden Daten im Fokus. Für Bestellvorgänge aller Art stehen die intern notwendigen Daten inzwischen elektronisch zur Verfügung. Ein typischer, automatisierter Workflow einer Bestellung könnte folgendermaßen aussehen:

Einkaufsworkflow

- Auswahl der Ware aus einem Onlinekatalog,
- Bestellung muss ggf. (von Kostenstelle, Budget) genehmigt werden,
- Bestellung geht an den Standardlieferanten,
- Meldung erfolgt, falls es Lieferverzögerungen gibt,
- Ware wird zugestellt,
- Rechnung wird mit einer Kostenstelle versehen,
- Ware wird bezahlt,
- Preis der Ware wird intern auf eine Kostenstelle verrechnet.

Größere Unternehmen verwenden zusätzlich webbasierte Softwaremodule, die als einheitliche Bestellplattform auf internen Prozessen und Daten aufsetzen. Mit diesen Plattformen können Online-Bestellungen von Büromaterialien, Werkstoffen, Reisen, Geschenken, Computern und vielen anderen Arbeitsmitteln erfolgen, und zwar von jedem Arbeitsplatz aus. Diese speziell für die Schnittstellen konzipierten Anbindungen von elektronischen Martkplätzen in Form von Online-Bestellkatalogen nennen sich **Punch-Out-Kataloge**. Bei Lieferanten, deren Angebotskataloge sich häufig updaten, was im Buchhandel der Fall sein dürfte, wird eine Schnittstelle zum externen Katalog des Lieferanten implementiert.

Der grobe **Ablauf dahinter** sieht folgendermaßen aus: der Mitarbeiter identifiziert sich auf der internen Bestellplattform mit einer eigenen User-ID. Seine „unternehmens-persönlichen“ Daten sind in seinem Profil hinterlegt. Der interne Mitarbeiter recherchiert innerhalb des Einkaufssystems in einem (Buch-)Katalog, legt die ausgewählten Titel in einen elektronischen Warenkorb und schickt die Bestellung ab. Dabei werden seine internen Daten zu den Daten über die Waren hinzugefügt und an den Lieferanten übermittelt. Dieser stellt die Waren zu und schickt wiederum ebenfalls elektronisch Daten ans Unternehmen zurück, die sich auf Lieferung und Rechnung beziehen.

Nicht alle Unternehmen sind mit einer derartigen Durchdringung ausgestattet. Dies wäre für das Übermitteln einer Onlinebestellung auch nicht unbedingt notwendig. Will man trotzdem über eine Lösung in diese Richtung nachdenken, so ist eine **Kooperation** zwischen Unternehmensbibliothek, Einkauf, IT-Abteilung und externem Lieferanten notwendig. Hier müssen Pflichtenhefte zusammen erarbeitet werden, die die internen Prozesse und Schnittstellen genau abbilden (vgl. Kapitel 3.2).

5.2.4 Der Online-Katalog als Literaturverwaltungsprogramm

Nutzen Sie die Daten des Anbieters. Integrieren Sie Bestellung und Verwaltung.

Denken wir noch einen Schritt weiter. Es gibt Fachbuchhändler, die außer einer Bestellplattform noch weitere Dienste anbieten. Wer hätte beim Kauf von Büchern daran gedacht, den gleichen Katalog ebenfalls für die **interne Literaturverwaltung** oder Daten hieraus zu nutzen? Entsprechende Lösungen sind bereits auf dem Markt. Die Idee dahinter ist, dass man auf einer Plattform integriert Literatur suchen, bestellen und unternehmensintern verwalten kann. Genau da können vorhandene, digitale Titeldaten für elektronische Services wertvolle Hilfe leisten, indem sie Bestellung und Literaturverwaltung integrieren. Was wären die Vorteile?

- Die Buchdaten aus dem Online-Bestellkatalog sind die gleichen, wie im eigenen Bestandskatalog,
- Doppelarbeit könnte vermieden werden,
- weniger Katalogisierungsaufwand,
- Reduktion von Aufwand und Kosten,
- veraltete Technik kann abgelöst werden,
- der Bibliothekskatalog könnte als OPAC ins Intranet gestellt werden,
- ein neues Bibliothekssystem zu implementieren wäre aufwendig.

Vielleicht kennen Sie einige von den oben genannten Themen. Von daher könnten Bucheinkaufsportale eine Option sein, einen Teil der Arbeit zu vereinfachen.

Wenn Sie hier etwas verändern wollen, analysieren Sie zunächst Ihren jetzigen Ablauf und stellen Sie sich folgende Fragen:
- Ist Ihr **Katalog** eine Eigenentwicklung oder von einem Anbieter erworben?
- Wie lange verwenden Sie diesen bereits?
- Hat das Tool Module, die Sie nicht verwenden?
- Welche **Medientypen** werden aufgenommen?
- Werden auch Auszüge (Inhaltsverzeichnisse, einzelne Beiträge oder Artikel) aufgenommen?
- Zu welchem Zweck wird der Katalog hauptsächlich von der Unternehmensbibliothek verwendet?
- Welchen **Stellenwert** hat der Katalog bei den internen Kunden?
- Wie häufig wird er genutzt?
- Haben Sie **Statistiken** über die Bewegung der internen Kunden auf dem Katalog?
- Findet eine Ausleihe über den Katalog statt?
- Für welche **Arbeitsschritte** verwenden Sie den Katalog, außer für den Nachweis von den im Haus vorhandenen Publikationen (bspw. Zeitschriftenverwaltung und -umläufe)?
- Welche **Funktionen** vermissen Sie bei Ihrer bisherigen Lösung?

- Streben Sie eine Alternative an?
- Könnten Sie sich eine externe Lösung vorstellen?
- Was wären für Sie und Ihre Kunden die Vorteile, was die Nachteile?

Checkliste Literaturverwaltung

Klären Sie für ein mögliches Projekt folgende Aspekte mit Ihrem Fachbuchhändler:
- Wird eine integrierte Online-Bestellung angeboten?
- Ist der Katalog an die internen Bedürfnisse anpassbar?
- Kann die Unternehmensbibliothek zusätzliche Informationen in eigene Felder einfügen und ergänzen?
- Sind die Katalogeinträge veränderbar?
- Können weitere Medien Ihrer Wahl variabel erfasst werden, die nicht über den Buchhändler bezogen wurden, die aber in Ihrer Bibliothek stehen, bspw. Daten aus dem Firmenarchiv, Prospekte, Normen, Fotos, Pläne?
- Ist eine Datenübernahme aus Ihrem bestehenden Katalog möglich?

Checkliste Statistiken für Buchbestellungen

Welche Arten von Statistiken könnten Sie im Zusammenhang mit Buchbestellungen erheben? Welche erheben Sie bereits in Ihrem laufenden Geschäft? Hier einige Vorschläge für Statistiken, die sie auch bei der Verhandlung mit dem Lieferanten später verwenden können:
- Anzahl der Bestellungen und Gesamtkosten,
- Anzahl der Retouren (Bücher wurden aus verschiedenen Gründen zurückgesandt oder waren als Ansichtsexemplare für nicht relevant beurteilt worden),
- Anzahl der Ausleihen (sofern Sie eine Ausleihe praktizieren),
- Anschaffungen pro Kostenstelle oder Zielgruppe,
- Durchschnittswerte und -kosten,
- Anzahl von Doubletten oder Mehrfachbestellungen eines Titels (kann wieder hilfreich bei der Entscheidung sein, ob man eine elektronische Version für alle lizenziert),
- Anzahl der Abonnements,
- Anzahl der Bestellungen aus dem In- und Ausland.

Nützlich ist auch hier eine Exportfunktion in Excel. Mit diesen Informationen erhalten Sie Grundlagen und einen Überblick über die Aktivitäten innerhalb Ihrer Dienstleistung.

5.2.5 Der Online-Katalog als OPAC für den internen Kunden

Sie könnten jetzt darüber nachdenken, ob der Bestellkatalog, den Sie für die Literaturverwaltung benutzen, gleichzeitig als OPAC für die internen Kunden über das Intranet zur Verfügung gestellt werden kann. Die Kunden sollten jene Daten angezeigt bekommen, die sie für Ihre Literatursuche brauchen. Dabei sollten administrative Daten, die nur für die Unternehmensbibliothek wichtig sind, weitgehend ausgeblendet werden. Die drei beteiligten Gruppen (Kunde, Bibliothek, Lieferant) nutzen gemeinsam die gleichen Titeldaten. Lieferant und Bibliothek benötigen darüber hinaus Informationen für die Verwaltung ihrer Abläufe.

Checkliste Bibliothekskatalog

Stellen Sie sich eine Liste zusammen, welche Daten für Ihre internen Kunden nützlich sein könnten:
- Titeldaten,
- Coverbilder,
- Inhaltsverzeichnisse,

- interne Signaturen und Standorte,
- Ausleihdauer,
- Liste der verfügbaren elektronischen Ressourcen,
- weitere Quellen,
- Darstellung in Listen nach Medientypen u.ä.,
- hausinterne Anmerkungen.

Vielleicht sind auch Verknüpfungen von Daten denkbar, in denen man angezeigt bekommt, was Kollegen bereits bestellt haben. Vielleicht können sogar Aspekte aus dem Social Media im Buchkatalog Einzug halten, wie Kommentarfunktionen oder Bewertungen von einzelnen Publikationen. Sicherlich werden in Zukunft vorhandene Bucheinkaufsportale um derartige Funktionen erweitert werden.

Wie bei den Bestellplattformen, so ist es beim Bibliothekskatalog genauso wichtig, zu überprüfen, wie die Benutzeroberfläche gestaltet wurde und ob das Layout der Corporate Identity des Unternehmens angepasst werden kann. Die Funktionsweisen sollten klar erkennbar und die Begriffe verständlich sein. Sehen Sie sich die Anzeige der Informationen genau an.

Schauen Sie sich um, ob schon Lösungen auf dem Markt sind, die für Ihre Zwecke adaptierbar sind. Dabei muss Ihr gewohnter Ablauf nicht unbedingt eins zu eins abgebildet werden. Nutzen Sie die Chance, bestehende Abläufe zu vereinfachen. Bücher wandern in einem Unternehmen und es kostet vielleicht mehr Mühe, den bisherigen Katalog zu pflegen, als er tatsächlich genutzt wird. Wenn Ihre Statistiken und Erfahrungen dazu Aufschluss geben, könnte es Zeit sein, etwas zu ändern.

Literaturhinweise zu Kapitel 5:

Der arbeitende Kunde: wenn Konsumenten zu unbezahlten Mitarbeitern werden. - Gerd Günter Voß und Kerstin Rieder. - Frankfurt [u. a.]: Campus, 2005

Bewer, Katharina: Die digitalen Herausforderungen in der betrieblichen Praxis : Hindernisse und Perspektiven! - Vortrag auf den 2. DGI-Praxistagen „Faktor ‚i‘- Strategischer Umgang mit Informationen in Unternehmen“, Frankfurt a. M., 08.-09.11.2012. - 8 S. (PDF-Präsentation) http://www.dgi-info.de/images/Veranstaltungen/Bewer_2.DGI-Praxistage_121109.pdf (Stand: 22.04.2014)

B2B-Erfolg durch eMarkets und eProcurement : Strategien und Konzepte, Systeme und Architekturen, Erfahrungen und Best Practice/Michael Nenninger und Oliver Lawrenz. - 2., verb. Aufl. - Braunschweig [u. a.] : Vieweg, 2002

Document Delivery – Best Practices and Vendor Scorecard. - Burlingame, Calif.: Outsell Information Management Service, 2012. - (Benchmarks & Best Practices)

Holmes, Robin M.: Reducing Document Delivery Costs and Improving Services. - In: Information Outlook, Vol. 14 (2010), Nr. 02, S. 27 ff.

Main, David: Agent 3.0 – a shared services provider. - In: Serials, Vol. 24 (2011) Nr. 2, S. 166 ff.

Senfter, Stefanie: Selbst ist der Kunde. - In: Markt und Mittelstand (2011), Nr. 5

6 Das Intranet – ein virtueller Platz für digitale Serviceangebote

Ein Intranet ist wie ein internes Mini-Internet für das Unternehmen und von außen nicht zugänglich. Das Intranet enthält in der Regel eine Übersicht und Beschreibung aller Abteilungen und Funktionen. Es bildet die Organisationsstruktur ab. Wir finden hier Unternehmenskennzahlen neben Kantinenplänen, Informationen von Betriebsräten, Sicherheitshinweisen, Complianceregeln oder interne Kontakte zu Abteilungen. Das Intranet kann darüber hinaus nützliche Informationen für alle Mitarbeiter enthalten, wie Standardformulare, Softwareupdates und Bedienungsanleitungen von der IT-Abteilung. Dies sind nur einige Beispiele. Das Intranet bietet die Möglichkeit, dass sich der Mitarbeiter online bei den internen Serviceabteilungen „selbst bedient“. Die Unternehmensbibliothek passt mit ihren Serviceangeboten hervorragend hinein. Der eigene Webauftritt ist als Serviceportal einer von vielen Knotenpunkten in der vernetzten Unternehmenswelt. Zugang zu elektronischen Ressourcen, Onlineservices, Informationen über die Unternehmensbibliothek und interne Firmeninformationen laufen hier zusammen. Das Intranet lässt sich mit der Außenwelt vernetzen und externe Onlineservices lassen sich nahtlos integrieren. Dieses Kapitel widmet sich der planerischen Gestaltung eines Serviceportals und seiner Vernetzung im Intranet.

6.1 Das Serviceportal der Unternehmensbibliothek

6.1.1 Überlegungen zur Konzeption

Der Webauftritt der Unternehmensbibliothek im Firmennetzwerk ist die elektronische **Visitenkarte** für die eigene Abteilung. Sie bildet zugleich das **Zugangsportal** zu allen **digitalen Services** und Onlinediensten, die für die Kunden zur Verfügung gestellt werden. Deshalb ist die Gestaltung entscheidend für die Akzeptanz der Services im Unternehmen. Gerade als Serviceabteilung sollte man die Chance ergreifen, auf Inhalte und Darstellung der Information aktuell Einfluss zu nehmen und seinen Webauftritt für die internen Kunden so optimal wie möglich zu gestalten. Wir sagen gerne „virtuelle Bibliothek“ zu dieser Art von Webauftritt. Hier ist der Ort, an dem die Selbstbedienung des internen Kunden stattfindet. Alles, was Sie für den Webauftritt des Serviceportals planen, unterliegt diesem Kontext.

Serviceportale vereinen Selbstbedienung und Vernetzung

Versuchen Sie, bei der Planung Ihrer Homepage vernetzt zu denken. Stellen Sie sich einfach vor, Sie würden einen elektronischen Laden eröffnen, einen Marktplatz mit Online-Angeboten. Ihre Online-Angebote sind „Waren“, die von Verlagen, Drittanbietern oder Ihnen selbst produziert wurden oder sogar aus dem Unternehmensumfeld stammen können. Die Webseite der Unternehmensbibliothek ist demnach ein Portal für verschiedene eigene und fremde Angebote, die mit Hilfe von Links gebündelt und miteinander verquickt werden. Informationen über die Herkunft der Quellen und Instruktionen für Ihre Benutzung sollten deshalb nicht fehlen.

Ihre Priorität als Unternehmensbibliothek ist es, mit Hilfe des Webauftritts den richtigen Rahmen für die Investitionen, die Sie für das Unternehmen in Form von Dienstleistungen und lizenzierten Online-Angeboten getätigt haben, zu schaffen. Sie möchten, dass sich Ihre internen Kunden nicht nur notwendigerweise, sondern auch gerne auf der Webseite bewegen und alle Angebote so optimal wie möglich nutzen. Schließlich ist die Webseite auch eine Aufforderung zur Kommunikation mit Ihren Kunden. Sie stellen etwas über Ihre Services und Ihr Team dar und laden zum Feedback ein.

FAQ zum Thema Webauftritt der Unternehmensbibliothek:
Mit Hilfe der folgenden Fragen können Sie festlegen, wie Ihr Auftritt im Intranet Ihres Unternehmens aussehen könnte. Diese Überlegungen können Ihnen während der Planungsphase und später im laufenden Betrieb helfen, sich immer wieder auf die „Mission“ der Webseite zu besinnen. Auch dann, wenn Sie über Erweiterungen des Angebotes nachdenken. Stellen Sie sich hierzu folgende Fragen:
- Was möchten Sie mit einem Webauftritt erreichen?
- Wen wollen Sie ansprechen?
- Welche Informationen und Inhalte sollen dort enthalten sein?
- Wie soll die Gestaltung aussehen?
- Was kommt auf die Startseite?
- Wie viel Zeitaufwand können Sie für die Pflege der Seite aufbringen?
- Wie oft soll ein Update der verschiedenen Inhalte stattfinden?
- Wer übernimmt die technische Gestaltung und Wartung?

Insgesamt wird Ihr Webauftritt aus verschiedenen **Elementen** bestehen, die ineinander greifen und eine Einheit für das **Layout** bilden. Das können Infos in Form von Texten sein oder auch Tools und Anwendungen sein, die Sie in Ihr Angebot mit einbinden wollen:
- Texte, PDF-Dateien,
- Icons, Bilder, Grafiken, Fotos,
- Tabellen,
- interne Datenbanken (OPAC u. a.),
- Online-Formulare.

Erwägen Sie die Verwendung von **Icons** (Bildsymbolen) statt Texten oder Überschriften. Kleine Bilder sind „Hingucker“, die man auch mit einem Link zu einem bestimmten Service versehen kann. Die gleichen Icons lassen sich später für die Gestaltung Ihrer Flyer verwenden.

Farben sollten gezielt eingesetzt werden, um Prioritäten zu kennzeichnen oder Wichtiges hervorzuheben. Sie können etwas umranden oder mit Hilfe von kursiver oder fettgedruckter Schrift Überschriften oder Stichworte hervorheben. Dabei sollten Sie eine einheitliche **Schrifttype** verwenden und lieber mit der Schriftgröße sowie mit Hervorhebungen durch „fett“, „unterstrichen“ oder „kursiv“ spielen. Auch sind farbige Hintergründe eher sparsam zu verwenden. Am besten ist immer noch schwarze Schrift auf weißem Grund, oder einfach eine dunkle Farbe auf einem hellen Hintergrund, die angenehm lesbar ist.

Die Internetwelt ist bunt genug, da sollten Ihre Seiten **klar und übersichtlich** aufgebaut sein, damit man sich gut zurechtfindet. Gerade für Mitarbeiter, die querfeldein über das Intranet Ihre Seite und Ihre Services zum ersten Mal entdecken, ist es hilfreich, wenn sie sich schnell einen Überblick verschaffen können. Die Verweildauer auf Intranetseiten ist für gewöhnlich nicht sehr lang, also wecken Sie gleich Aufmerksamkeit. Weil die Nutzung von mobilen Apps zunimmt, ändern sich auch die Gewohnheiten, wie Webseiten gestaltet werden. Für die Darstellung der Information auf den kleineren Displays der Smartphones und Tablet-PCs ist noch weniger Platz zur Verfügung, als auf Webseiten, die am Bildschirm eines PCs abgebildet werden. Bedenken Sie dies auch, falls Sie später eine Web-Applikation für Ihre Intranetseite planen sollten.

Hinweis: denken Sie an eine klare Wortwahl.

Verwenden Sie eine einfache und **klare Wortwahl** („Sprache der Kunden“, siehe auch Kapitel 1.2.2). Bevorzugen Sie Stichworte und knappe Texte statt lange Erklärungen. Versuchen Sie deshalb, Ihre Infotexte möglichst kurz zu halten, so dass alle einzelnen Webseiten vollständig angezeigt werden können. Vermeiden Sie langes Scrollen mit dem rechten Balken im Browser. Der Balken am unteren Bildschirmrand sollte erst gar nicht benutzt werden müssen (testen Sie verschiedene Bildschirmauflösungen).

Holen Sie sich Ideen aus dem Internet.

Orientieren Sie sich bei Ihrer Planung an **Beispielen aus dem Internet**. Viele öffentlich zugängliche Fachbibliotheken können als Vorlage dienen, aber auch Online-Marktplätze oder Fachbuchhandlungen. Wählen Sie Spezialbibliotheken als Anschauungsbeispiele, die mit Ihrer Branche verwandt sind und ähnliche Inhalte anbieten. Auch Bibliotheksseiten von Fakultäten einzelner Fachhochschulen oder Universitäten sind geeignet. Navigieren Sie sich unvoreingenommen hindurch und sehen Sie dabei mit den Augen eines Kunden. Sammeln Sie Ideen, was aus Sicht der Kunden und was aus Sicht der Bibliothek an Informationen nicht fehlen sollte.

Externe Services kennzeichnen.

Wenn Sie **externe Angebote** einbinden, kennzeichnen Sie diese genau. Der interne Kunde wird nicht immer gleich bemerken, wann er über die Firewall das Intranet verlässt und sich auf den Seiten eines externen Anbieters bewegt. Es ist zwar ratsam, die externen Plattformen soweit wie möglich mit eigenen Logos oder sogar darüber hinaus mit Farben und Schrifttypen der Corporate Identity sowie einer URL zu Ihrem Serviceportal zu versehen, damit der Service sich in die eigene Umgebung einfügt. Von daher sollte auf jeden Fall ein Hinweis auf den Seiten der externen Provider zu finden sein, dass diese einen Service für Ihr Unternehmen erbringen, sowie natürlich ein **Impressum** des Anbieters selbst.

6.1.2 Überlegungen zu den Inhalten

Checkliste: Inhalte von Intranetseiten

Aus Ihrem bestehenden Serviceangebot ergibt sich automatisch eine Struktur, mit der Sie schon von vornherein Ihre Angebote priorisieren: Was wichtig ist, kommt nach vorne oder oben, auf jeden Fall an eine gut sichtbare Stelle. Die **Startseite** ist ein zentraler Einstiegspunkt, der entweder durch ein „Willkommen", einen klaren Titel oder sogar einen zentralen Service gleich zum Ausdruck bringt, was den Kunden erwartet. Zur Veranschaulichung folgt ein Beispiel, welche Inhalte vorkommen könnten:
- Überblick über alle Services der Unternehmensbibliothek,
- Links zu den verfügbaren Publikationen,
- Zugang zu Onlineservices von Drittanbietern,
- Infos über Profil und Team,
- News über Publikationen oder Serviceangebote,
- Feedbackmöglichkeiten,
- Hilfestellungen, Tipps und Tricks, FAQs.

Rubriken wie „Allgemeines" oder „Sonstiges" vermeiden

Wenn Sie nun alle Inhalte beisammen haben, die Sie darstellen möchten, so sollte ein Auswahlmenü **Überblick über alle Services** (Inhalte oder Rubriken) Ihre Seite strukturieren. Seien Sie bei der Auswahl der Überschriften so spezifisch wie möglich. Es muss nicht alles hinein, was Sie im Angebot haben. Vermeiden Sie zu allgemeine Füllwörter für eigene Überschriften wie „Allgemeines", „Sonstiges", „Spezielles", „Dies & Das". Diese enthalten ein unübersichtliches Sammelsurium und machen nicht unbedingt neugierig. Wenn Sie trotzdem eine Rubrik „Aktuelles" einbauen wollen, muss dem Kunden klar sein, worum es sich dabei handelt, beispielsweise um Termine oder News. Spezifizieren Sie lieber so genau wie möglich.

Der Katalog als **Auflistung der verfügbaren Publikationen**, vor allem der elektronischen, sollte relativ schnell auffindbar sein. Wenn Sie das Angebot auf- und ausbauen ist es sowieso wichtig, an einer prominenten Stelle darauf hinzuweisen. Wenn

Sie zusätzlich auf frei verfügbare Fachinformationen aus dem Internet verlinken wollen, können Sie einzelne Links in Ihren A-Z-Online-Publikationslisten unterbringen und kennzeichnen (vgl. hierzu Kapitel 4.4). Wenn Sie diese in einem Bibliothekskatalog aufnehmen, haben Sie sogar eine Suchfunktion dabei. Wenn viele Publikationen anfallen, ist es sinnvoll, die URLs ab und an mit einem Linkchecker zu überprüfen. Kostenlose Optionen gibt es zwar im Internet, aber Sie sollten vorher mit der IT klären, ob sich das Programm mit dem Netzwerk verträgt.

Ganz wichtig ist eine **Information zum Profil der Unternehmensbibliothek** und ihrer Mitarbeiter. Erläutern Sie verständlich Ihre „Mission“, Ihre Angebote und beschreiben Sie Ihre Dienstleistungen für das Unternehmen und seine Mitarbeiter. Wenn Sie einen Slogan haben, gehört er hier hin. Auch **Kontaktinformationen**, wie eine zentrale Mailadresse der Abteilung oder Telefonnummer, sind ganz wichtig und gehören an eine prominente Stelle. Nennen Sie die Namen des Teams, Telefonnummern und E-Mail-Adressen der Mitarbeiter, sowie Ansprechpartner für bestimmte Zuständigkeiten.

Zeigen Sie auch Gesicht. Stellen Sie Bilder, bzw. **Fotos von Ihrem Team** und der physischen Bibliothek hinein. Bei Gruppen- oder Einzelbildern mit Bücherregalen im Hintergrund werden Sie sogleich mit Ihrer Tätigkeit und Ihrem Kontext assoziiert. Sie erzeugen damit eine freundlichere Atmosphäre, als mit nüchternen Bewerbungsfotos. Kompetent und professionell sollte es trotzdem wirken. Fotos von Personen sind mitunter eine sensible Angelegenheit. Wenn Sie Bilder von Personen einstellen, bedenken Sie, vorher die Erlaubnis von jedem Teammitglied in Form einer schriftlichen Einverständniserklärung einzuholen, um den Datenschutz und das **Recht auf Selbstbestimmung** zu respektieren. Der Zweck der Erklärung sollte möglichst genau formuliert werden. Es sollten von daher auch nur Bilder verwendet werden, die die betreffende Person freiwillig genehmigt. Wünscht jemand, dass kein Bild von ihm veröffentlicht wird, so sollte das respektiert werden.

Bei den FAQs sowie Tipps & Tricks oder auch **Benutzungshinweisen** von Onlineservices geht es um konkrete Hilfestellungen für praktische Alltagsfragen. Aus Sicht der Kunden ist der Griff zum Telefon sicher einfacher, als sich zuerst durch eine „Onlinehilfe“ durchzusuchen. Sie zeigen trotzdem, dass Sie dem Kunden ein Angebot damit machen. Orientieren Sie sich bei den FAQs an tatsächlichen Fragen, die von Ihren Kunden immer wieder gestellt werden, liefern Sie die Antworten dazu.

Linksammlungen vermeiden

Vermeiden Sie Linksammlungen. Diese sind einmal sehr beliebt gewesen, aber leider sehr aufwendig zu pflegen und aktuell zu halten. Es besteht die Gefahr, dass diese Sammlungen ausufern, trotz der Mühe, die Sie sich machen möchten, aus der Fülle an Hinweisen, Angeboten, wichtigen Links eine Auswahl für Ihre Kunden zusammenstellen zu wollen. Inzwischen sind die Suchmaschinen ja so gut, dass man vieles mit einer Suchanfrage direkt findet. Schöner ist ein Suchtipp „Wann und wie benutze ich Google oder Wikipedia“.

Spezielle Angebote für Ihre Zielgruppe

Ein lebendiger Webauftritt benötigt Aspekte, die Ihre **Kundenbindung** zum Ausdruck bringen. Erwägen Sie spezielle Angebote für einzelne Zielgruppen oder Fachabteilungen. Berücksichtigen Sie die spezifischen Informationsbedürfnisse dieser Gruppen, die sehr häufig bestimmte Informationen nachfragen. Sie können Seiten für diese Gruppen anlegen und dort ausgewählte Informationsquellen aus Ihrem Angebot, Neuerscheinungslisten, Infos zu Themenschwerpunkten, Tipps, Trainingsinformationen und ähnliches zusammenstellen. Prüfen Sie, ob es möglich ist, voreingestellte Suchfragen für die Zielgruppen in Ihre Datenbanken zu hinterlegen.

Vertiefung:
Betrachten Sie Ihren bisherigen Webauftritt durch eine kritische Brille. Überlegen Sie dabei, was Ihr Kunde zuerst sieht und welche Inhalte auf der **Start- oder Einstiegsseite** (Home-Seite) platziert sind. Denken Sie von seiner Perspektive aus:
- Was würde der Kunde erwarten? Was würde er zuerst suchen?
- Wo gibt es Verbesserungspotential?

Tipps & Hinweise: Heißen Sie Ihre Kunden willkommen
Denken Sie sich eine angemessene Form des „Willkommens" für die Startseite aus, die zur Kultur Ihres Unternehmens passt. Das kann eine direkte Ansprache oder auch eine Kurzversion Ihrer Mission oder Ihres Auftrags sein. Er besucht nicht Ihre physische Bibliothek, sondern betritt und verlässt den virtuellen Raum, ohne dass Sie es merken. Er soll sich eingeladen fühlen, zu bleiben und Ihre Angebote zu entdecken.

6.2 Gestaltung und Layout

6.2.1 Technische Voraussetzungen

Eine Zusammenarbeit mit der IT-Abteilung oder einem **Webmaster** wird vermutlich den Weg zu Ihrem Webauftritt begleiten. Dieses Kapitel wird nicht auf technische Tools zur Webseitengestaltung eingehen, da in jedem Unternehmen verschiedene Voraussetzungen herrschen. So wird es darauf ankommen, ob Sie sich dafür entscheiden können, einen Webauftritt auch technisch ganz allein aufzubauen oder ob Sie sich um den Inhalte kümmern und für die technische Umsetzung Unterstützung von der internen IT bekommen.

Vorgaben und Gestaltungsspielräume beim Layout ausloten.

Viele Unternehmen haben eine „Corporate Identity", einen **Styleguide** für das Intranet, der Schrifttypen, Seitenaufteilung, Größe und Varianten des Unternehmenslogos und Anweisungen zum Layout vorgibt. Dieser kann ausformuliert vorliegen. Erkundigen Sie sich bei der IT oder bei der internen Kommunikationsabteilung danach. Versuchen Sie, sich bei der Planung Ihrer Seiten daran zu orientieren. Manche Webmaster oder Styleguides arbeiten auch mit Templates für die Intranetseitengestaltung, die einen immer gleichen Rahmen vorgeben, in den man dann flexibel Texte, Bilder und Links einbinden kann. Klären Sie, wo es Gestaltungsspielräume für Sie gibt, in denen Sie Freiheiten haben, eigene Ideen umzusetzen. Eine völlige Freiheit bei der Gestaltung kann ich mir in Unternehmen heutzutage schwer vorstellen. Selbst wenn Sie HTML-Kenntnisse haben und den Quelltext einer Webseite durchaus selbst editieren könnten, so gibt es vielfach schon Programme, die Inhalte und Elemente ähnlich wie bei einem Worddokument im Layout editierbar machen.

CMS = ein Softwarebaukasten zur Gestaltung von Webseiten.

Intranets werden vielfach mit Hilfe von **Content-Management-Systemen** (CMS) oder erweiterter Portalsoftware betrieben (u. a. Joomla, Microsoft Sharepoint). Content Management Systeme sind wie **Baukästen** für Webseiten, die eine Menge Funktionen für die Gestaltung bieten. Oftmals sind interaktive und kollaborative Elemente vorhanden (bspw. Kommentarfunktionen). Darüber hinaus werden mitunter nützliche Funktionalitäten, wie Kalender oder Wikis angeboten, die man sich in seine Seiten einbauen kann. CMS-Systeme geben immer einen relativ festen Rahmen vor und eigene kreative Ideen zur Veränderung dieser Struktur sind unter Umständen nur begrenzt umsetzbar. Die Vorteile von CMS-Anwendungen liegen darin, dass man sie ohne HTML- oder Programmierkenntnisse gestalten kann. Wenn das eigene Unternehmen ein bestimmtes CMS unterstützt, muss geprüft werden, ob beispielsweise selbstentwickelte Datenbanken, der OPAC oder auch die externen Onlineservices darin eingebunden werden können.

Eigentlich wäre es ideal, wenn Sie sich, was das Layout betrifft, eng an die **Unternehmensvorgaben** halten und versuchen, die Inhalte der Seiten trotzdem so **flexibel** wie möglich zu gestalten. Wenn Sie an zu enge Grenzen stoßen sollten, versuchen Sie, bei der IT und den Entscheidungsträgern darauf hinzuwirken, dass Ihr Serviceportal einen **Sonderstatus** im Intranet erhält. Weisen Sie auch darauf hin, dass die Inhalte dynamisch sind, also viele Updates anfallen werden, weil Ihr Angebot immer so aktuell wie möglich sein muss. Sie sollten es deshalb selbst ändern können und nicht darauf warten müssen, dass dies eine interne oder outgesourcte Onlineredaktion für Sie tut, wenn diese Zeit hat. Argumentieren Sie ruhig mit den Bedürfnissen Ihrer wichtigsten Kunden und Fürsprecher nach aktuellen Fachinformationen und sichern sich von diesen zur Not Unterstützung.

Im Layout so eng und an den Inhalten so flexibel wie möglich bleiben.

Schön ist eine **Suchfunktion**, die eine Stichwortsuche über Ihr Serviceportal ermöglicht – es reicht ein einfaches Suchfeld. Je nachdem, wie viele Unterseiten und Ebenen Sie haben, mag eine Suche hilfreich sein, die sich über alle Stichworte aus allen Inhalten erstreckt. CMS bieten oftmals standardisierte Suchen über alle integrierten Seiten an. Wenn Sie über einen OPAC verfügen, so sollte dieser natürlich ebenfalls mit einer Suchfunktion prominent in das Angebot eingebunden werden.

Hinweis: Suchfunktionen eruieren

Hinweis: Federated Search Tools suchen in heterogenen Quellen

Discovery Search Tools oder **Federated Search** Tools gehen einen Schritt weiter: hier lassen sich lizenzierte E-Journals und E-Books einbinden, genauso wie lokale Bestände, Konferenzbeiträge, Dissertationen und mehr. Die Idee dahinter ist, eine Suche nach einem Stichwort über heterogene Quellen zu ermöglichen. Mit Hilfe dieser Tools kann man über die Suche eines Bibliothekskataloges weit hinausgehen und im Inhalt der verfügbaren Online-Publikationen suchen. Solche Tools sind dann sinnvoll, wenn man eine signifikante Menge an Online-Publikationen unternehmensweit nutzt. Deshalb sind sie bisher vor allem in forschenden und naturwissenschaftlich orientierten Industrien im Einsatz, wo ohnehin eine signifikante Menge an digitalen Quellen genutzt werden dürfte.

Es folgt nun eine **Zusammenfassung** der wichtigsten Aspekte, die Sie bei der Planung eines Webauftritts berücksichtigen sollten:

Checkliste Technische Rahmenbedingungen für ein Serviceportal

- Nehmen Sie frühzeitig Kontakt mit IT und Webmaster auf, wenn Sie ein Projekt planen,
- nehmen Sie sich Zeit, die Struktur und Funktionsweisen des bestehenden Intranets zu verstehen,
- erkundigen Sie sich, welche Funktionen der bestehende „Baukasten“ in Form von CMS oder Templates enthält,
- studieren Sie die Vorgaben des Styleguides,
- holen Sie Hintergrundinformationen dazu ein, wie bisher Inhalte im Intranet eingestellt und aktualisiert werden,
- loten Sie aus, welche Anteile veränderbar sind (Flexibilität),
- planen Sie, welche Anteile Sie selbst verändern, bzw. regelmäßig aktualisieren wollen,
- versuchen Sie, den Zeitaufwand für Updates einzuschätzen,
- klären Sie, ob und welche Suchfunktionen es gibt,
- überlegen Sie bei der Konzeption, über welche Inhalte und in welcher Tiefe eine Suche wünschenswert wäre,
- klären Sie, ob externe Datenbanken eingebunden werden können,
- prüfen Sie, welche Maßnahmen zur Sicherung angewendet werden.

Absichern gegen Serverausfall.

Und zu guter Letzt: Drängen Sie bei der IT darauf, unbedingt eine regelmäßige **Sicherung der Seiten** im Falle eines Serverausfalls vorzunehmen. Planen Sie eine **Backupseite**, die Sie im Falle eines Totalausfalls Ihres Serviceportals schalten können. Diese sollte eine Telefonnummer zur Unternehmensbibliothek sowie Tipps zu Alternativen für die ausgefallenen Onlineservices enthalten. Vor allem bei Literaturbestellungen wird es sicher andere Wege geben müssen, die man in einem Ausnahmefall gehen kann. Halten Sie auch eine Backupliste der Onlinepublikationen mit den URLs parat.

6.2.2 Struktur der Inhalte

Je nachdem, welchen Rahmen man Ihnen vorgibt, so ist ein **Auswahlmenü oder Register** am linken oder oberen Rand der Webseite immer geeignet, Ihre Inhalte übersichtlich zu strukturieren. Die meisten Webseiten sind ähnlich aufgebaut. Modern ist im Augenblick, links und oben ein Menü anzuzeigen, in der Mitte der Seite Platz für ein Textfeld zu lassen, welches je nach Klick auf einen Menüpunkt den Inhalt wechselt. Rechts am Rand befinden sich Infokästen mit Terminen und Hinweisen, die genau wie das Menü stehen bleiben, wenn der Infotext in der Mitte wechselt. Das Auswahlmenü gibt eine Übersicht der Themen und die Unterseiten verzweigen sich mit vertiefenden Details. Am Kopf oder Fuß der Seite befinden sich dann allgemeine Links wie Kontakt, Übersicht über die Seiten (eine hierarchische Sitemap, eine Art Inhaltsverzeichnis). Haben Sie einmal eine Struktur gefunden, so werden Sie diese zunächst beibehalten.

Hinweis: Struktur der Webseiten und Navigationshilfen

Versuchen Sie, vorab Ihre **Inhalte hierarchisch** zu gliedern. Wählen Sie erst die Hauptbestandteile, dann die dazugehörigen Unterpunkte. Das kann aussehen wie ein Inhaltsverzeichnis aus einem Buch. Man kann auch eine Mindmap zur Hilfe nehmen. Wenn wir Teile aus der Beispielliste aus Kapitel 6.1.2 verwenden, so könnte sich folgender Struktur ergeben. Die untereinander hierarchisch verbundenen Ebenen der Webseite werden „kursiv" in Klammern dahinter angedeutet:

- Services der Unternehmensbibliothek (Menüpunkt + Startseite)
  - Wir über uns *(Ebene 1)*
    - Lage Bibliothek *(Ebene 2)*
    - Öffnungszeiten *(Ebene 2)*
  - Buchbestellungen Online *(Ebene 1)*
  - Rechercheanfragen *(Ebene 1)*
- Online-Publikationen (Menüpunkt)
  - E-Journals A–Z *(Ebene 1)*
  - E-Books A–Z *(Ebene 1)*
  - Datenbanken *(... usw ...)*

  ... usw.

Nicht mehr als 2–3 Unterebenen

Das Menü zeigt Überschriften an, unter denen die erste Ebene liegt, die wiederum aus Überschriften oder schon aus eigenen Webseiten mit Textinhalten bestehen können. Beim Klick auf die Überschriften dieser ersten Ebene tun sich wieder darunter liegende Seiten auf – die sogenannten zweiten Ebenen. Sie enthalten ebenfalls konkrete Texte und Informationen. Es wäre ratsam, nicht mehr als zwei Unterseiten, bzw. Ebenen zu planen, eine dritte Ebene ist mitunter schon zu viel. Überlegen Sie, wie viele **maximale Klicks** den internen Kunden von der Einstiegsseite bis zu den wirklich wichtigen Services trennen sollten. Sie können in Word oder mit Hilfe von Powerpoint die Seiten entwerfen. Machen Sie sich danach an die genaue Ausgestaltung der einzelnen Seiten, Länge der Texte, Verteilung der Bilder.

Bei der Planung der Navigation müssen Sie zwischen scrollen und klicken abwägen. Wichtig ist, dass Sie **Navigationshilfen** einbauen, falls innerhalb der Templates oder des CMS nicht schon welche vorhanden sind. Niemand soll beim browsen verloren gehen. Wer sich auf der Seite bewegt sollte die Möglichkeit haben, mit einem Klick auf „Home" zurückzufinden. Möglicherweise geben vorhandene Styleguides eine Lösung vor. Gleiches gilt, wenn Sie externe Onlineservices einbinden. Sie sollten immer einen Link zurück zu Ihrem Serviceportal enthalten.

Verwenden Sie Navigationshilfen sparsam und auf jeder Unterseite an der gleichen Stelle.

Manche CMS bieten **Breadcrumbs** als hilfreiches Gestaltungselement für die Orientierung an. Man nennt sie auch Brotkrumennavigation. Diese Orientierungshilfen haben Sie sicher schon einmal gesehen. Sie erscheinen meist am Kopf einer Seite in kleiner „Krümel-"Schrift und zeigen den Weg von der aktuellen Ebene, auf der man sich gerade befindet, bis zurück zum Menü, also die Verbindungen zwischen den hierarchischen Gliederungsebenen an. Nehmen wir eines der Beispiele von den vorigen Seiten, so könnte der „Brotkrumen" folgendermaßen aussehen:

Services der Unternehmensbibliothek → Wir über uns → Lage der Bibliothek

6.2.3 Pflege, Statistiken und Weiterentwicklung

Richten Sie sich darauf ein, dass es immer wieder Veränderungen und **Überarbeitungen** des einstmaligen Angebotes geben wird. Es wird Ihnen sicher schon nach dem ersten Rollout des Webauftritts so gehen, dass Sie bereits neue Ideen haben. Die Präsentation von Wissen in Webform kann sich verändern, die Nachfrage nach Services in Ihrem Unternehmen ebenso. Die Wahl der ursprünglichen Darstellung kann sich eventuell als weniger benutzerfreundlich herausstellen. Oder Ihr Unternehmen fusioniert, ändert seinen Namen (der Name Ihrer Unternehmensbibliothek ändert sich auch) und verkündet die zukünftige Arbeit mit neuen Templates, Logos und Styleguides. Deshalb sollten Sie versuchen, die wichtigsten inhaltlichen Anteile selbst ändern zu können, vor allem Menüpunkte, Überschriften, Texte und die Überarbeitung von Links.

Kalkulieren Sie den Pflegeaufwand für alle Inhalte mit ein.

Die **Aktualität** Ihrer Seiten ist insgesamt ein wichtiger Punkt. Berücksichtigen Sie dies sowohl bei der Planung als auch bei der Pflege. Wenn Sie einmal einen Intranetauftritt umgesetzt haben und selten etwas aktualisieren, wird das Interesse bald abflauen. Gemeint sind hier die Anteile, die neben dem Zugang zu Online-Publikationen informativen Charakter haben. Bauen Sie zum Beispiel eine Datumsanzeige für das letzte Update ein. Ein umrandeter Kasten oder eine Laufzeile mit tagesaktuellen Hinweisen (Datum nicht vergessen!) könnte die Aufmerksamkeit bei wirklich interessanten Ereignissen erhöhen.

Aktualisierungen einplanen

Wenn Sie neue Seiten erstellen, **testen** Sie den Webauftritt des Serviceportals vor einem Launch ausgiebig mit der IT in einer geschützten Umgebung. Testen Sie erst die technischen Funktionalitäten, Links und die Navigation. Wenn alles läuft, ziehen Sie Ihre Kunden und Fachkollegen hinzu. Diese sollten möglichst unvoreingenommen an die Sache herangehen und wieder die Brille des Kunden dabei tragen, um die Benutzerfreundlichkeit zu testen. Es gibt immer ein „Verhalten" bei der Nutzung, an die der Programmierer vorher nicht gedacht hat. Ihr Kunde wird sich keine Gedanken darüber machen, welche Beweggründe oder technischen Zwänge Sie bei der Gestaltung Ihres Webauftrittes hatten. Er hat bestimmte Erwartungen, wenn er auf die Seite kommt. Es ist spannend festzustellen, ob die eigenen Vorstellungen auch von den Kunden geteilt werden. Holen Sie dazu das Feedback Ihres „Runden Tisches" oder Ihrer Kunden ein.

Testen Sie Änderungen, bevor Sie damit live gehen.

Kundenwünsche einbinden

Schaffen Sie auf Ihrem Portal eine **Interaktionsmöglichkeit** mit dem Kunden. Wenn Sie nicht schon vorher die Kunden gefragt haben, welche Wünsche sie an den Webauftritt haben, so fordern Sie diese ruhig zu einer Mitgestaltung auf. Ein Feedbackformular oder ein Gästebuch wären ganz schön, sind aber vielleicht etwas anonym. Der interne Kunde sollte wissen, wozu er sich genau äußern soll (siehe Kapitel 1.3, Tipp zum Feedbackmanagement). Am besten Sie fragen direkt nach: „Haben Sie Wünsche an unser Angebot? Haben Sie einen Verbesserungsvorschlag? Bitte schicken Sie uns Ihre Ideen.“ Natürlich sollten Sie auch dazu auffordern, kontaktiert zu werden, wenn etwas technisch nicht funktioniert.

Wenn Sie dem Kunden zeitnah antworten, ist das sicher ein Imagegewinn. Der Service bekommt ein lebendiges Gesicht und die internen Kunden das Gefühl, mitgestalten zu können – was ja auch der Fall sein sollte. Schon deshalb lohnt es sich, Änderungen unkompliziert und vielleicht sogar selbst durchführen zu können.

Sie sollten unbedingt die Erhebung von **Nutzungsstatistiken** einplanen, die darüber Aussagen ermöglichen, wie Ihre Webseiten genutzt werden. Ausgereifte CMS bieten Statistikfunktionen an. Berücksichtigen Sie dabei, dass Nutzungshäufigkeiten nicht immer eine tatsächliche Wichtigkeit oder Unwichtigkeit über den Inhalt wiedergeben. Schätzen Sie ab, bevor Sie die ersten Statistiken auswerten, ob Ihre Annahmen stimmen. Mitunter kann man auf die Logdateien der Webseiten zugreifen, um daraus verschiedene Schlussfolgerungen für mögliche Änderungen zu ziehen.

Checkliste Statistiken

Klären Sie mit der IT, ob Sie Statistiken zu folgende Zugriffsdaten erhalten können:
- Anzahl der Zugriffe auf Ihr Serviceportal insgesamt,
- Anzahl neue Nutzer,
- Zugriffe auf Unterseiten,
- Verweildauer,
- Ausstieg aus dem Angebot (von welcher Seite aus).

6.3 Platzierung im Intranet

Vernetzung

Ein weiterer wichtiger Aspekt, neben der Konzeption der Inhalte, ist die Platzierung Ihres Serviceportals im Intranet. Meistens sind Intranets nach organisatorischen Gesichtspunkten geordnet und bilden die Abteilungen nach Funktionen ab. Sicher werden Sie einen organisatorisch-hierarchischen Stammplatz für den Webauftritt der Unternehmensbibliothek bekommen, der aber vielleicht nicht von allen Mitarbeitern, die Ihre Services nutzen wollen, gleich gefunden wird.

FAQ zum Thema Intranet:
Kontaktieren Sie die für die Struktur des Intranets verantwortliche Abteilung. Suchen Sie nach einem zentralen Einstiegspunkt, den die meisten Ihrer Zielgruppen ansteuern. Zur Vorbereitung ist es wichtig, wenn Sie sich mit der Konzeption des Intranets grundsätzlich vertraut machen. Klären Sie dazu folgende Fragen:
- Wie sind das Hauptmenü und die zentrale Einstiegsseite des Intranets aufgebaut?
- Welche Informationen werden dort angezeigt?
- Welche Informationen werden von dort aus verzweigt?
- Welche Seiten werden häufig genutzt?
- Wie viele Klicks braucht es, um von der zentralen Einstiegsseite zum Serviceportal der Unternehmensbibliothek zu gelangen?
- Wie viele Klicks braucht es, um von Stammplätzen der anderen Abteilungen zur Unternehmensbibliothek zu gelangen?
- Wie viele Klicks wären ideal?

Mit wenigen Klicks zum Serviceportal.

Ihr Ziel sollte sein: so wenig Klicks wie möglich. Am besten wäre ein Link auf der zentralen Einstiegsseite. Bedenken Sie, dass jeder Mitarbeiter sich trotzdem eigene Favoriten oder eine andere Einstiegsseite als seine persönliche „Home-Seite" definieren kann. Mag das Unternehmen darüber hinaus eine verschachtelte Struktur haben, so sollte eine sinnvolle **Platzierung auf verschiedenen Seiten** erwogen werden. Wenn es Intranetseiten gibt, die viele Mitarbeiter immer wieder ansteuern, versuchen Sie dort einen Link zu platzieren.

Vielleicht gibt es auch thematische Einstiegspunkte, wie **Projektwebseiten** Ihrer internen Kunden oder die **Abteilungsseiten der Zielgruppen**, auf denen ein direkter Link zur Unternehmensbibliothek sogar willkommen sein könnte. Statistiken der Webmaster werden helfen, Ihre Argumentation zu untermauern. Erkundigen Sie sich auch bei Ihren bekannten Zielgruppen, wo diese am ehesten nach einem Link zur Unternehmensbibliothek suchen würden.

Suchfunktion im Intranet testen.

Manche Intranets bieten eine **Suchfunktion** über alle internen Webseiten und die darauf liegenden Dokumente an. Testen Sie, ob man Stichworte aus den Inhalten Ihres Webauftritts finden kann und diskutieren Sie mit der IT die Funktionalität der Suche:
- Wie häufig wird diese genutzt?
- Welche Informationen werden gesucht?
- Bis zu welcher Ebene geht die Suche?
- Ist die Anzeige der Suchergebnisse schlüssig?
- Gibt es Daten, die Aufschluss über eine Akzeptanz dieses Angebotes liefern?
- Gibt es Bedienungsanleitungen für die Suche im Intranet? Erwägen Sie mit der IT zusammen einen User-Guide.

Verlinken Sie auf andere Abteilungen.

Bringen Sie umgekehrt auch Links zu inhaltlich verwandten und relevanten Intranetseiten auf Ihre Seite. Zeigen Sie dadurch Verbundenheit zu den internen Schnittstellen. Vielleicht mit einem Link zur Seite der Einkaufsabteilung neben dem Buchbestellformular oder zur Rechtsabteilung bei den Copyrightinfos, natürlich nach vorheriger Absprache mit den Abteilungen. Gerade, wenn Geschäftsprozesse der Unternehmensbibliothek in andere Bereiche greifen, könnte eine Verlinkung der administrativen Seiten untereinander sinnvoll sein – nicht nur, um Ansprechpartner bei auftretenden Fragen zu finden. Bestimmt können diese Abteilungen neben dem Link auch informativen Text hinzufügen, der spezielle Hinweise zu internen Prozessen enthält.

Schön wäre es, wenn das Serviceportal eine einfache und damit **eindeutige URL** hat, die sich jeder merken kann. URLs aus dem Intranet sehen oft lang und technisch aus. Sie wirken wenig benutzerfreundlich und einprägsam. Wie hilfreich wäre es doch, wenn die URL den Namen Ihrer Unternehmensbibliothek oder Ihrer Abteilung tragen könnte. So würde zusätzlich zur Positionierung der Links innerhalb der Intranetstruktur auch noch eine weitere Vereinfachung entstehen, Ihre Webseiten virtuell aufzufinden.

6.4 Marketing für das Serviceportal

Tipps für die Eigenwerbung

Natürlich ist der Webauftritt selbst schon Marketing für die eigenen Services. Aber auch dieser Service bedarf einer Bekanntmachung. Sie ermöglichen schließlich Selbstbedienung für Fachinformationen aus erster Hand. Hier ein paar Vorschläge. Prüfen Sie den Aufwand und was in Ihrem Umfeld umsetzbar ist.

Entwerfen Sie **Flyer** für Ihr Portal und was man darin finden kann. Verteilen Sie diese immer wieder unter Ihren Kunden und denken Sie an eine Aktualisierung, wenn sich auf Ihren Seiten etwas ändert. Suchen Sie für die Verteilung der Flyer Orte, die außerhalb des Netzes liegen und von vielen Kunden regelmäßig aufgesucht werden, bspw. Aushang, Pausen- und Aufenthaltsräume, Poster im Fahrstuhl, Auslage am Kaffeautomat.

Basteln Sie einen **QR-Code** für den „mobilen Manager" mit Smartphone, der direkt auf die Webseiten Ihrer Unternehmensbibliothek führt. Machen Sie ihn mit einer aktuellen Frage aus dem Unternehmenskontext neugierig und verraten Sie erst durch Aktivierung des Links, wo Informationen für die Antwort zu finden sind. Tipps, wie das geht gibt es jede Menge im Internet oder bei Ihrer IT.

Verknüpfen Sie auch das Angebot Ihrer **physischen Bibliothek** mit Ihrem Online-Angebot. Streuen Sie Hinweise auf elektronische Angebote in der Bibliothek oder verweisen Sie umgekehrt online auf soeben eingetroffene, gedruckte Bücher und Neuerwerbungen.

Wenn Sie regelmäßige **Einführungsveranstaltungen** für neue und interessierte Mitarbeiter abhalten, nehmen Sie die Vorstellung Ihres Webauftritts mit ins Programm. Geben Sie ihren Kollegen zugeschnittene Hinweise auf wichtige Inhalte, die für die tägliche Arbeit relevant sein könnten. Ein Hinweis auf den eigenen Webauftritt wirkt professionell und zeigt, dass Sie im Onlinezeitalter unterwegs sind. Werben Sie immer wieder dafür, dass Sie für alle Fragen rund um elektronische und gedruckte Fachinformation und Literatur die zentrale Anlaufstelle sind. Blenden Sie dabei externe Quellen, wie Google, nicht aus, sondern beziehen Sie diese selbstverständlich mit ein. Idealerweise sollten Sie Ihre vorhandenen Räumlichkeiten dafür nutzen (siehe Kapitel 2) und mit Hilfe eines Beamers eine Live-Demo Ihrer Webseiten vorführen. Vielleicht bei einem Infofrühstück oder einer „Lunch-and-Learn-Session".

Nutzen Sie jede Gelegenheit, die **Benutzerfreundlichkeit** Ihrer Webseite zu erfragen und zu verbessern. Natürlich ist es von Ihrer Zielgruppe abhängig, wie das Ergebnis ausfällt. Sind diese eher aufgeschlossen und kommunikativ, so werden Sie vermutlich andere Infos erhalten als von zurückhaltenden Kollegen. Zeigen Sie, dass Sie bemüht sind, soweit wie möglich auf Wünsche einzugehen.

Fragen zur Vertiefung des Themas:

Welche weiteren Marketingmaßnahmen fallen Ihnen spontan ein?

Was tun Sie bereits und haben Sie dazu Rückmeldungen, ob es angenommen wird?

Überlegen Sie, welche Ideen zur Kultur Ihres Unternehmens passen?

Denken Sie nochmal über Ihre Kunden nach und nehmen Sie deren Sichtweise ein!

Literaturhinweise zu Kapitel 6:

15 Ways to Promote Effective Use of Online Resources/Library Connect Editorial Office. - Amsterdam: Elsevier, 2003. - (Library Connect Pamphlet ; 1)
http://libraryconnectarchive.elsevier.com/lcn/0101/lcn010106.html (Stand: 22.04.2014)

Arbeitsorganisation 2.0: Tools für den Arbeitsalltag in Kultur- und Bildungseinrichtungen/ Julia Bergmann und Jürgen Plieninger. - Berlin [u. a.] : de Gruyter Saur, 2012. - (Praxiswissen)
http://www.degruyter.com/viewbooktoc/product/179705 (Stand: 28.04.2014)

Boeckh, Dorothee: Der Webauftritt – eine Dauerbaustelle. - In: GMX Medizin – Bibliothek – Information, Vol. 10 (2010) Nr. 1:Doc05
http://www.egms.de/en/journals/mbi/2010-10/mbi000188.shtml (Stand: 22.04.2014)

Building the Future-Ready Digital Library – Toolkit for Information Managers. - Burlingame, Calif.: Outsell Information Management Service, June 18, 2012. - (Benchmarks & Best Practices)

Crenze, Uwe: Enterprise Search – trotz SharePoint? (Teil 2) : Sharepoint 2013, systemübergreifende Suche, Search Assessment, Such- und Informationsportale. - In: DOK Magazin, November/ Dezember (2012), S. 32 ff.

E-Marketing für Dummies: [zwitschern Sie mit im Web 2.0]/von Wolfgang Hanfstein [u. a.]. - 1. Aufl. - Weinheim: Wiley, 2010

Hickman Auger, Sarah: The path to discovery : [Feature Discovery, with additional comments from John Law, Clive Wright, Jeffrey Penka and Tamar Sadeh]. - In: Reserach Information, June/July (2013) Nr. 66, S. 18 ff.

Plieninger, Jürgen: Eine Homepage erstellen. - Hrsg. Berufsverband Information Bibliothek e.V./ Kommission für One-Person Librarians. - 1. Aufl. - 2005. - (Checklisten ; 10)
http://www.bib-info.de/kommissionen/kopl/publikationen/checklisten.html
(Stand: 22.04.2014)

Plieninger, Jürgen: Ein Intranet erstellen. - Hrsg. Berufsverband Information Bibliothek e.V./ Kommission für One-Person Librarians. - 1. Aufl. - 2003. - (Checklisten ; 2)
http://www.bib-info.de/kommissionen/kopl/publikationen/checklisten.html
(Stand: 22.40.2014)

Praxishandbuch Portalmanagement: profitable Strategien für Internetportale/Hrsg. Peter Gentsch [u. a.] - 1. Aufl. - Wiesbaden: Gabler, 2004

7 In eigener Sache: das Berufsbild „Unternehmensbibliothekar für digitale Services“

Im Schlusskapitel möchte ich Sie einladen, über das veränderte Berufsbild im digitalen Umfeld, sowie einige erforderliche Kompetenzen im Unternehmen und mögliche Entwicklungen nachzudenken. Wir wünschen uns alle Orientierung, wie es mit uns Bibliothekaren, speziell auch in den Unternehmen, weitergehen könnte. Wir haben es ja einerseits mit internen Umstrukturierungen, Automatisierung, Outsourcing zu tun und andererseits mit den Entwicklungen der Bibliotheksdienstleistungen und Verlage im Internet – dabei kann man das Gefühl haben, dass die alten Dienste nicht mehr gebraucht werden. Wenn wir genauer hinschauen, sehen wir aber, dass viel Neues hinzugekommen ist, was uns bereichert und hilft, unsere Arbeit zu unterstützen. Es gilt, gerade im digitalen Unternehmensumfeld die eigene Rolle neu zu finden.

7.1 Der Job-Titel und was dahinter stecken könnte

Das Image in der Öffentlichkeit

Das **Image** des Bibliothekars wird im Allgemeinen mit den Tätigkeiten der Kollegen aus öffentlichen Einrichtungen assoziiert. Ebenso mit der physischen Bibliothek selbst, den gedruckten Medien, den Räumlichkeiten oder dem Gebäude – also dem klassischen Modell. Dass es auch in Unternehmen Informationsvermittlungsstellen oder Bibliotheken gibt, die sich dezentral und virtuell um das Management von Fachliteratur für das Unternehmen an verschiedenen Standorten kümmern könnten, ist Außenstehenden oft nicht bekannt. Schon gar nicht, welche Aufgaben die Arbeit der Unternehmensbibliothekare beinhalten kann. Mag sein, dass es daran liegt, dass das Berufsbild dahinter keine feste, klare **Bezeichnung** hat, die in der Öffentlichkeit wahrgenommen wird. Das liegt sicher auch daran, dass die Tätigkeiten so speziell sind. Unternehmensbibliotheken sind sogenannte Spezialbibliotheken. Die Berufsbezeichnung „Spezialbibliothekar“ ist zwar inhaltlich richtig und die Tätigkeiten in der bibliothekarischen Welt weitestgehend geläufig, aber darüber hinaus kaum bekannt (vgl. Behm-Steidel). Deshalb verwendet unsere Berufsgruppe häufig die Bezeichnung „Information Professional“, um damit zu zeigen, dass wir „Informationen ernst nehmen“ (vgl. Motto der DGI) und Aufgaben erledigen, die inhaltlich mit den Schnittmengen zwischen „Bibliothek und Information“ oder weiter gefasst auch mit „Wissensmanagement“ zu tun haben können. Aber auch diese Bezeichnung dürfte über die ABD und IuD-Grenzen hinaus eher Ratlosigkeit als ein Aha-Erlebnis hervorrufen.

Mitarbeitern und Entscheidern in Unternehmen wird es vermutlich ähnlich gehen. Sie sind auch ein Querschnitt der Gesellschaft und können oft nicht einschätzen, wie wertvoll die Zusammenarbeit mit der eigenen Unternehmensbibliothek sein könnte. Diese Herausforderung ist nicht neu. Der in diesem Buch verwendete Begriff „Unternehmensbibliothekar“ ist deshalb eher ein Kunstbegriff und selten zu finden. Er soll aber verdeutlichen, dass diese Tätigkeit spezielle, für dieses Arbeitsfeld benötigte Kompetenzen erfordert. Eine transparente Gestaltung und Kommunikation über die eigenen Tätigkeiten ist von daher umso wichtiger.

Im **digitalen Umfeld** treten die Services der Bibliothek aus dem physischen Umfeld heraus und werden zunehmend auf den Bildschirmen der internen Kunden präsent. Die Mitarbeiter stellen ihre Fragen einer Suchmaschine oder Datenbank, anstatt sich an ihre Bibliothek zu wenden. Die Tätigkeit des Bibliothekars besteht in der Gestaltung elektronischer Dienstleistungen. Dadurch entstehen neue Rollen und Berufsbezeichnungen, die nichts mehr mit dem klassischen Modell zu tun haben. In Unternehmen werden für diese Rollen oft Bezeichnungen vergeben, die etwas beschreiben, was „irgendwie“ mit Literatur, Information, Spezialwissen, und den Tätigkeiten des Organisierens und Managens zu tun haben.

Übung zum Selbsttest:
Es gibt im Internet „Job-Titel-Generatoren“, die Ihnen bei jedem Klick eine wohlklingende Berufsbezeichnung anbieten. Hier unten ist ein Beispiel aus der Bibliothekswelt. Nach ein paar Klicks werden Sie sich im Bürostuhl verwundert aufrichten. Nach weiteren Klicks werden Sie lächeln, denn Sie haben eine Kurzerkenntnis: „Ja, stimmt“, werden Sie denken, „das mache ich auch alles“. Genau – das ist der Trick und schon mal ein guter Anfang – obwohl die Bezeichnungen auf Englisch sind. Machen Sie einmal den Test, Sie werden viel Spaß haben!

http://www.michellemach.com/jobtitles/index.html (Stand: 28.04.2014)

Denken Sie sich ein paar weitere Titel aus und schauen Sie, was diese für Assoziationen bei Ihnen wecken: Informationsmanager, Internet Librarian, Teaching Librarian, Systembibliothekar ...

Bibliothekare sind Generalisten

Im Unternehmen sind Bibliothekare **Generalisten**, die eine Mischung aus vielen Tätigkeiten ausüben. Laut Duden ist ein Generalist jemand, der in seinen Interessen nicht auf ein bestimmtes Gebiet festgelegt ist. Wie dynamisch bibiothekarische Themenfelder in methodische Bereiche der IT oder des Managements vordringen, ist sicher deutlich geworden. Deshalb ist fast alles, was uns der „Job-Titel-Generator“ ausspuckt, auch irgendwie richtig. Darin mag einerseits die Chance liegen, unsere Vielfältigkeit darzustellen, andererseits aber unser Hauptproblem, dass wir das Gefühl haben könnten, keine Bezeichnung zu finden, die eindeutig oder konkret genug ist.

Als Bibliothekare sind wir gerade im Unternehmen von Experten umgeben, unsere Kundschaft ist meist gut ausgebildet, Akademiker mit einem komplexen Fachstudium, Manager mit viel Verantwortung. Da kann man sich, vor allem, wenn man als Solist arbeitet, schnell als „Exot“ fühlen. Dabei sind Unternehmensbibliothekare, wie alle anderen Berufsgruppen auch, Mitarbeiter und damit Teil des Unternehmens. Sie können mit ihrem methodischen Wissen über die Organisation von Information aktiv zum Geschehen im Unternehmen beitragen und haben eine **breite Vernetzung**, weil sie in der Regel Dienstleistungen für das ganze Unternehmen erbringen können. Als Grenzgänger zwischen den Funktionen entsteht ein Blick für viele Informationsbedürfnisse und damit ein vernetztes Denken, da Unternehmensbibliothekare von vornherein zwischen Anbietern, Kunden und Managementebenen agieren.

Übung zur Vertiefung

Vertiefung zur eigenen Sichtweise des Berufsbildes:
Gehen wir davon aus, Sie als Leser sind als Bibliothekar oder im weitesten Sinne mit Literatur verwaltenden Aufgaben in einem Unternehmen beschäftigt. Fragen Sie nach, was andere über das Berufsbild denken und was sie sich unter Ihrer Tätigkeit vorstellen.

- Was antworten Sie, wenn Sie nach Ihrem Beruf oder Ihrer Tätigkeit gefragt werden?
- Wie sind die Reaktionen?
- Wie beschreiben Sie, was Sie tun?
- Welche Begriffe verwenden Sie?

7.2 Erforderliche Kompetenzen

Da Unternehmensbibliothekare oft in kleinen Teams arbeiten, müssen viele Aufgaben und dazu noch Projekte gleichzeitig übernommen werden. Die Grenze zwischen den rein fachlichen Aufgaben des Bibliothekars und der Verantwortung eines Managers ist oftmals fließend, gerade, wenn häufig in Projektteams gearbeitet wird. Hinzu kommt, dass Unternehmensbibliothekare auch Personalverantwortung übernehmen oder sich der Ausbildung von Azubis und Praktikanten widmen. Dabei kann man sich schon wie ein Jongleur fühlen, der viele Bälle in der Luft halten muss.

Der Unternehmensbibliothekar zeigt mit seiner Profession Wertschätzung für die Fachinformation. Der Sinn vieler seiner Aufgaben liegt ja gerade darin, dass mit Hilfe von Qualitätskriterien „Wissen" strukturiert wird und man dazu beitragen kann, Filter gegen die Informationsüberflutung zu bieten. Im digitalen Zeitalter ist dies keineswegs überholt, sondern eigentlich zwingend notwendig. Somit sorgt man indirekt für eine der Grundlagen, auf denen das Unternehmen Entscheidungen trifft, auch wenn dies nicht immer unmittelbar so gesehen wird. Ein gut organisierter Service kann ein konkurrenzfähiger Vorteil für wissensintensive Unternehmen sein. Deshalb ist es so wichtig, dass Trends in der Unternehmens- und Informationswelt ständig dahingehend überprüft werden, ob sie einen Einfluss auf die eigene Zielsetzung haben.

Hinweise auf fachliche Kompetenzen

Die Herausforderungen, die sich aus dem **digitalen Wandel** ergeben, sind in Kapitel 2 bereits dargestellt worden. Die Auflistung der Kernaufgaben finden Sie in Kapitel 2.2.2. Welche **Kompetenzen** uns die Special Libraries Association (SLA) für das 21. Jahrhundert darüber hinaus empfiehlt, deckt sich vielfach mit der Einschätzung anderer Autoren. Methodisch konzentriert man sich hauptsächlich auf Kompetenzen, die vor allem den Umgang mit publizierten Fachinformationen betreffen. Fassen wir hier noch einmal kurz zusammen:

- Beschaffung von Fachinformationen zum Nutzen des Unternehmens,
- Management von elektronischen und gedruckten Informationsressourcen,
- kontinuierliche Evaluierung des Nutzens sowie Vor- und Nachteile gedruckter und elektronischer Versionen,
- Kenntnis über Formate, Zugriffsbedingungen und Konditionen von Online-Publikationen,
- Kenntnis und Kontakte zu Verlagen, Produzenten, Providern,
- Verhandlungen von Konditionen,
- Organisation eines reibungslosen Services, der dem internen Kunden ermöglicht, selbständig und schnell Fachinformationen zu finden und zu nutzen,
- Entwicklung von Verhaltensregeln beim Umgang mit externen Informationsressourcen.
- Überprüfung der Wirtschaftlichkeit der genutzten Ressourcen durch die Entwicklung geeigneter Kennzahlen.

IT-Kompetenzen sind bis zu einem gewissen Grad notwendig, um Prozesse und Anwendungssysteme aus dem Blickwinkel des Nutzers und administrativen Anwenders zu verstehen – es reicht nicht aus, nur Begeisterung für die Möglichkeiten der Technik zu zeigen. Der Info-Profi muss in der Lage sein, elektronische Serviceabläufe zu konzipieren, zu evaluieren und zu testen. Darüber hinaus agiert er als Bindeglied zwischen Technik und Mensch, in dem er wie ein **Berater** einzuschätzen versucht, was die Tools können, welchen Nutzen sie bringen und ob die internen Kunden damit zurechtkommen. Er organisiert die Vernetzung der Tools und muss dafür ein **syste-**

Hinweise auf soziale Kompetenzen

misch-analytisches Denken mitbringen. Darüber hinaus vertritt er als eine Art „Anwalt" die Kundeninteressen gegenüber den Anbietern.

Kommunikative und kooperative Kompetenzen sind ebenfalls erforderlich, wenn ein professioneller Umgang mit anderen Funktionen und unternehmensinternen Berufsgruppen ausgeübt wird. Unter Schnittstellenkompetenz versteht man, die internen Rollen zu kennen und mit ihnen zusammen zu arbeiten. Die geeigneten Methoden sind Audits, Interviews, Runde Tische und andere Gremien. Kommunikation macht vermutlich 80 % der Tätigkeit aus. Trotz Social Media ist der Bedarf an sinnvoller Kommunikation über digital verfügbare Information erst recht notwendig geworden. Der Unternehmensbibliothekar entwickelt Kundenschulungen zum richtigen Umgang mit den Dienstleistungen. Er entwickelt Compliance-Regeln zum richtigen Umgang mit Daten und konzipiert Veranstaltungen, um beide Ziele zu erreichen. Bei Routinetätigkeiten ist vor allem Geduld erforderlich, die gleichen Fragen von verschiedenen Kunden immer wieder neu zu beantworten. Vielleicht sogar, die eigentliche Frage hinter einem Problem zu erkennen, auch wenn dies nur indirekt ausgedrückt wird.

Wenn man aufmerksam Stellenanzeigen liest, scheint sich der Eindruck zu bestätigen, dass eine Zunahme von **„Schlüsselqualifikationen"** oder sozialen Kompetenzen, wie selbständiges Arbeiten, Verantwortungsbereitschaft, besonderes Engagement und Serviceorientierung verlangt werden. Durch die zunehmende Automatisierung standardisierbarer Abläufe wird sich der Fokus vermehrt auf diese Schlüsselqualifikationen verlagern und noch wichtiger werden.

Eine der wichtigsten Eigenschaften im Unternehmen, die aber selten explizit genannt wird, ist wohl die **Flexibilität**. Gemeint ist, sich in einer ständig wandelnden Umwelt in Abstimmung mit allen Beteiligten operativ immer wieder an strategische Veränderungen anzupassen. Prioritäten können sich kurzfristig ändern, dass heißt, gut laufende Prozesse und Services können plötzlich wegfallen und etwas ganz anderes gefragt sein. Ein Umdenken ist nicht immer einfach. Deshalb muss man kreativ und innovativ bleiben, um lösungsorientierte Ideen zu entwickeln. Diese dürfen gern pragmatisch sein und müssen dann oft in Eigeninitiative entstehen. Dafür ist es notwendig, mit anderen Kollegen zu „netzwerkeln", um sich Input zu holen.

Vertiefung:
Die eben dargestellten Anforderungen, muss jeder für sich selbst entwickeln. Erkennen Sie sich hier und da wieder? Machen Sie eine kleine Übung. Ab und zu kann ein kleiner Selbsttest nicht schaden. Stellen Sie sich hin und wieder folgende Fragen sowie auch die Antworten dazu vor. Wenn Sie mutig sind, können Sie zur Überprüfung auch Ihre Kollegen um Feedback bitten. Lassen Sie sich überraschen:

Wie würden die Kollegen Sie beschreiben?

Wie würden die Kunden Sie beschreiben?

Versuchen Sie, nur für sich selbst ein eigenes „Mission Statement" zu formulieren.

7.3 Evaluierung der eigenen Wirksamkeit

Kennzahlen zu entwickeln, um die Leistungsfähigkeit der Services zu untermauern, ist wichtig. Deshalb enthalten auch die meisten Kapitel Hinweise hierzu. Aber die Wirksamkeit oder den Impact der eigenen Maßnahmen zu evaluieren, ist etwas, das weit darüber hinausgeht (vgl. Dueck). Was wir hier selbst entwickeln müssen, sind Methoden, die das implizite Wirken der Gesamtheit der Services stärker verdeutlicht. Das ist leichter gesagt als getan. Woran wird die Wirksamkeit einer Dienstleistung gemessen?

Wenn wir von Wirkung sprechen, brauchen wir zunächst eine Ursache. Das kann tatsächlich die Nachfrage oder die Dienstleistung selbst sein. Deshalb sollte man hier ansetzen und sich folgende Fragen immer wieder stellen.
- Was wird getan?
- Für wen?
- Zu welchen Konditionen?
- Mit welchen Methoden?

Dabei ist auch gefragt, sich in die Sichtweisen des Umfeldes hineinzudenken. Greifen Sie Ihre Analysen von den FAQs und Vertiefungen aus Kapitel 1.2 auf (Positionierung innerhalb des Unternehmens) und versuchen Sie, diese um die hier genannten Fragestellungen zu ergänzen. Wirksamkeit zu entdecken ist ein **laufender Prozess**, dem mehr Aufmerksamkeit geschenkt werden muss. Der Denkprozess beginnt mit der Reflexion über die eigenen Rollen, die Aufgaben, die digitalen Veränderungen und die ständigen Herausforderungen. Man muss sogar bereit sein, je nach Antwort, seine Prioritäten zu ändern.

Für eine Evaluierung wäre es empfehlenswert, **das ganze Bibliotheksteam** einzubinden, weil alle Feedback von ihren Kunden zu den Services erhalten (vgl. Shumaker). Im Virtuellen wird das Wirken unsichtbar. Das Team sollte ein gemeinsames Verständnis für die Notwendigkeit entwickeln, seine Wirksamkeit zu entdecken, sichtbar zu machen und konkret zu untermauern und sich für die Beschreibung der Wirksamkeit Kriterien auszudenken, die im Kontext des Unternehmens vorkommen und dort verstanden werden.

Fragen Sie sich regelmäßig:
- Was war der konkrete Nutzen der eigenen Arbeit?
- Haben Sie Ihre Zielsetzung erreicht?
- Bieten Sie den richtigen Service an?
- Evaluieren Sie an der richtigen Stelle?
- Sind die Kriterien richtig definiert?

Suchen Sie nach Möglichkeiten, diesen Fragen auf die Spur zu kommen. Hier muss wieder die Bibliothek zum Kunden gehen. Feedback versteckt sich nämlich auch in informellen Anekdoten oder bei alltäglichen Problemlösungen. Wenn der **Nutzen** der eigenen Dienstleistung durch positive Rückmeldungen bestätigt wurde, sammeln Sie **Beispiele** und kommunizieren Sie diese in regelmäßigen Berichten an Kunden und Management. Vielleicht können diese Beispiele dazu beitragen, ein Bild von der Durchdringung der digitalen Services der Unternehmensbibliothek innerhalb des Unternehmen zu verdeutlichen. Sammeln Sie zusätzlich **Fakten**, die die Stärken der Abteilung, sowie finanzielle Vorteile oder Kostenersparnis des vorhandenen Services verdeutlichen.
- Beinhalten Ihre Services Aspekte von Schnelligkeit, Zeitersparnis?
- Wo wurden Kosten eingespart?
- Wo haben sich im Vergleich zum klassischen Modell sichtbare Vorteile durch den Nutzen von digitalen Serviceabläufen ergeben?

In kleineren Unternehmen wird vieles aufgrund der flachen Hierarchien in direkter Interaktion mit den Arbeitskollegen stattfinden. In größeren Unternehmen braucht man für die Umsetzung dieser Strategie Unterstützung von oben. Dies ist ein permanenter Prozess.
- Pflegen Sie deshalb Beziehungen zu allen Managementebenen,
- sorgen Sie für eine Wahrnehmung des eigenen Beitrages zum Nutzen des Unternehmens

7.4 Qualifikationsmöglichkeiten oder „learning on the job“?

Hinweise und Tipps zur Weiterbildung

Wo und wie kann man dies alles lernen? Wo kann man Zertifikate erwerben? Gibt es überhaupt Möglichkeiten, die Kompetenzen, die man im Laufe seines Berufslebens schon entwickelt hat, besser zum Ausdruck zu bringen? Eine schwierige Frage. Bereitet einen die Ausbildung oder das Studium auf bestimmte inhaltliche Qualifikationen vor und bringt uns darüber hinaus die Basis des Methodenwissens bei, so muss man feststellen, dass vieles „by the way“, „on the fly“ und „in between“ passiert. Der Arbeitsalltag ist dicht gedrängt und für Fortbildungen wird wenig Zeit bleiben. Das Lernen selbst findet **während der laufenden Arbeit** statt. Viele Unternehmen erwarten, dass man sich selbst einen routinierten Umgang mit neuen Programmen, Tools und Software aneignet oder durch Schulungen seine Kenntnisse erweitert. Vieles findet durch direkten Austausch mit Kollegen statt. Hier kann man die schon mehrfach angesprochene Beziehung zur IT-Abteilung nutzen, um ein Verständnis für den Aufbau der eigenen Infrastruktur zu entwickeln. Manche Unternehmen veranstalten eigene Weiterbildungen. Versuchen Sie, sich daran zu orientieren und selbständig zu lernen.

Stellenbeschreibung anpassen

Eine Mitarbeiterentwicklung wird sicher in vielen Unternehmen stattfinden. Sollten sich Ihre Tätigkeiten mit zunehmend digitalen Angeboten verändert haben, so ist es hin und wieder ratsam, seine **Stellenbeschreibungen zu aktualisieren**. Nicht immer denkt man im Arbeitsalltag an diese Aspekte. Sprechen Sie offen mit Ihrem Vorgesetzten die Veränderungen an, die sich ergeben. Vor allem dann, wenn er ein „fachfremder“ Kollege ist. Erkundigen Sie sich nach seiner Sichtweise. Jährliche Zielerreichungsgespräche sind vielleicht ein guter Anlass, gezielte Schulungen zu vereinbaren. Tauschen Sie sich auch mit Kollegen darüber aus.

Sind mehr und mehr strategische Qualifikationen gefragt, so kann man diese in speziellen Seminaren erwerben, die **Methoden im Projektmanagement**, Innovations- oder Qualitätsmanagement vermitteln. Auch eine Grundlagenvermittlung von **Präsentationstechniken**, Kommunikation und PR können hilfreich sein, seine Ziele zu erreichen. Wie in Kapitel 4 erwähnt, sind auch praktische Fähigkeiten, wie richtiges **Verhandeln** wichtig. Diese kann man sich beispielsweise in Lehrgängen für den Bereich Einkauf aneignen. Kaufmännische Grundlagen sind ebenfalls nicht unwichtig und können zum Beispiel in Lehrgängen verschiedener IHKs erworben werden.

Darüber hinaus können Kenntnisse der **Mitarbeiterführung** gefragt sein, die ebenfalls über Seminare vermittelt werden. Einzelne Universitäten oder Fachhochschulen, die Bachelor- und Masterstudiengänge anbieten, haben auch für Berufspraktiker teilweise ein interessantes Programm (nachzulesen auf den Webseiten). Berufsverbände bieten ebenfalls Tipps für Seminare oder gar eigene Fortbildungen, auch im Rahmen ihrer Tagungen an und geben sicher gerne Auskunft. Wenn man sich eingehender mit dem **Urheberrecht** beschäftigen will, so sind die Verwertungsgesellschaften eine gute Quelle. Es gibt immer wieder Publikationen zu dem Thema sowie gezielte Veranstaltungen. Interessant ist hier die seit einigen Jahren stattfindende Urheberrechtstagung in Göttingen, veranstaltet von zwei juristischen Lehrstühlen und der Universitätsbibliothek Göttingen. Sie wendet sich an alle am Thema Interessierten und hat den Anspruch, nicht nur eine rein juristische Veranstaltung zu sein.

Veranstaltungen von fachfremden Seminaranbietern können erfrischend sein, weil sie eine andere Sprache sprechen und neue Sichtweisen einbringen. Ob man E-Learning-Konzepte mag, ist Typfrage. Man kann diese am Arbeitsplatz ausführen, wird aber auf einen persönlichen Gedankenaustausch mit anderen Seminarteilnehmern verzichten müssen.

Wichtig ist das kontinuierliche Studium von **Fachliteratur** (Zeitschriften und Fachbücher), sowie das Abonnieren von Mailinglisten und Newslettern zu einzelnen Interessensgebieten, um Trends in der Informationsvermittlung zu erkennen. Einige Tipps werden Sie im Anhang der Internetlinks finden.

„Netzwerkeln“ Sie mit Kollegen.

Die **Interaktion mit Berufskollegen** aus anderen Branchen darf nicht unterschätzt werden. Grob gesagt fällt diese Aktivität unter das „netzwerkeln“, und bedeutet konkret Erfahrungsaustausch. Man kann auf diese Weise gut voneinander lernen und profitieren. Der Besuch von Fachtagungen dient nicht nur dazu, sich Vorträge zu bestimmten Themen anzuhören. Oftmals kann man das Gehörte ja nicht immer eins zu eins im eigenen Betrieb anwenden, erfährt aber von Problemlösungsstrategien, die man vielleicht in die eigene Arbeit transferieren kann. Dabei sollten nicht nur bibliotheksspezifische Tagungen, sondern auch Veranstaltungen aus der Informationswissenschaft und dem Wissensmanagement besucht werden, weil sich in der täglichen Arbeit ohnehin Überschneidungen zu diesen Fachbereichen ergeben. Gerade jungen Kollegen sei es empfohlen, sich **Berufsverbänden und Fachgesellschaften** anzuschließen, vielleicht sogar aktiv in einem Arbeitskreis mitzuarbeiten. Nicht immer ist der unmittelbare Nutzen dieser Mitgliedschaften gleich erkennbar, aber mittelbar entstehen Beziehungen, die einem vielleicht irgendwann weiterhelfen können – oder umgekehrt. Wie schon erwähnt bieten Buch- und ähnliche Fachmessen Einblicke in Entwicklungen bei Providern und Agenturen. Manche Provider organisieren eigene Info-Veranstaltungen in den großen Ballungszentren.

Die maßgeschneiderten Fortbildungen für alle Aspekte Ihres Berufsalltages wird es nicht geben. Bleiben Sie neugierig, schauen Sie über den Tellerrand und haben Sie Spaß daran, neue Sichtweisen und Erkenntnisse zu gewinnen.

7.5 Fazit

„Wenn die Maschinen, die die Menschen so im Laufe der Zeit erfunden haben, nun auch noch funktionierten: was wäre das für ein angenehmes Leben.“ (Kurt Tucholsky)

Diskussionen über die Entwicklung des Berufsbildes sind alles andere als neu und sie werden zweifellos mit der fortschreitenden Digitalisierung und technologischen Entwicklung fortgeführt. Das neben stehende Zitat von Kurt Tucholsky könnte uns einstweilen beruhigen, dass uns die Arbeit so schnell nicht ausgehen wird...

Vielleicht kommt es im Internet- und Wissenszeitalter mehr auf Kompetenzen an, die Projekte und Services „zum Gelingen“ zu bringen. Reines Fachwissen und reine Fachkenntnisse werden in Zukunft alleine nicht mehr ausreichen. Weil der Trend weitergeht, standardisierbare Tätigkeiten zu automatisieren, wird es künftig mehr darum gehen, als Unternehmensbibliothek einen Mehrwert zu bieten, der für die Kunden **maßgeschneiderte Lösungen** für das Arbeiten mit digitalen Quellen bietet. Darauf werden wir uns einstellen müssen. Dabei werden wir uns mit unterschiedlichen Professionen zunehmend vernetzen und in ständiger Kommunikation bleiben müssen.

„Klappern gehört zum Handwerk!“

Wir Info-Profis sollten ein bisschen **Selbstmarketing** betreiben, damit der Wert, der Anteil und die Wirksamkeit unserer Leistung besser verstanden werden. Klappern gehört zum Handwerk - klappern Sie mit! Wir scheuen uns vielleicht vor dem Gedanken, aber das, was unser Berufsstand zum Thema Selbstdarstellung gelegentlich als Übertreibung empfinden mag, ist es für andere keineswegs. Machen Sie auf Ihre spezielle Expertise aufmerksam.

Literaturhinweise zu Kapitel 7:

Bauschmann, Martin: Jung, dynamisch, berufserfahren...: ein Längsschnittvergleich von Stellenausschreibungen der Bibliotheks- und Informationsbranche. - Berlin: BibSpider, 2012. - (Wiborada – Leipziger Schriften zur Bibliotheks- und Informationswissenschaft; 3)

Behm-Steidel, Gudrun: Kompetenzen für Spezialbibliothekare : eine Untersuchung zu Anforderungen und Qualifizierung von Beschäftigten in internen Informationseinrichtungen. - Berlin: Logos, 2001. - (Berliner Arbeiten zur Bibliothekswissenschaft ; 6)

Competencies for Information Professionals of the 21st Century/Special Libraries Association (SLA). - Revised edition, June 2003
http://www.sla.org/about-sla/competencies/ (Stand: 22.04.2014)

Dueck, Gunter: Professionelle Intelligenz : worauf es morgen ankommt. - 1. Aufl. - Frankfurt a.M.: Eichborn, 2011

Gelungene Expansion von Business Intelligence in Sekundär- und qualitative Forschung: ein erfolgreicher Information Professional verfügt über umfassende Informationskompetenz und ist in der Kundenkommunikation erfahren / [Interview von Password mit Dr. Sabine Graumann von TNS Infratest (München)]. - In: Password (2013), Nr. 2, S. 16 ff.

Hales, Stuart: New Opportunities for Information Professionals. - In: Information Outlook, Vol. 17 (2013) Nr. 2, S. 8–9

Poetzsch, Eleonore: Lehre und Forschung in der Information und Dokumentation: eine Bilanz über mehr als drei Jahrzehnte: zum Stand unserer Profession. - In: Password (2013), Nr. 6, S. 6 ff.

Renn, Oliver: Alles nur Job-Title-Bingo – oder wie können Information Professionals die Innovationskraft ihres Unternehmens unterstützen? - Vortrag auf den 2. DGI-Praxistagen „Faktor ‚i'- Strategischer Umgang mit Informationen in Unternehmen", Frankfurt a. M., 08.–09.11.2012. - 26 S. (PDF-Präsentation)
http://www.dgi-info.de/images/Veranstaltungen/Renn_2.DGI-Praxistage_121109.pdf
(Stand: 22.04.2014)

Shumaker, David: The Embedded Librarian: Innovative Strategies for Taking Knowledge Where It's Needed. - Medford, NJ: Information Today, 2012

8 Nachwort

Wie sehen sie aus, die digitalen Services einer Unternehmensbibliothek? Sicher haben Sie bemerkt, dass das Buch keine Patentlösung anbietet, die man morgen einfach übernehmen kann. Das Thema ist komplex und deshalb fand eine Auswahl auf die Services der Literaturversorgung statt. Es handelt sich um Optionen und Bausteine. Bei der Ausgestaltung muss man, unter der Berücksichtigung der Gegebenheiten des eigenen Unternehmens, unterschiedliche Schwerpunkte setzen.

Der Vorteil der Unternehmensbibliothek liegt vielleicht darin, nicht derart im hohen operativen Druck wie strategische oder produzierende, am direkten Erfolg eines Unternehmens gemessene Abteilungen zu stehen. Diese Sonderstellung einer Serviceabteilung ermöglicht eine hohe Sachorientierung und objektive Sichtweise. Information Professionals können gut die Belange des eigenen Unternehmens gegenüber den Produzenten der Information vertreten und gleichsam intern als Berater wirken. Dabei müssen sowohl die Services untereinander, als auch die Unternehmensbibliothek mit der Organisation und ihren internen Kunden vernetzt werden. Einen Information Professional mit einer derartigen internen und externen Vernetzung im Unternehmen zu haben, kann ein großer Vorteil sein, den sich Entscheider zu Nutze machen sollten.

Die Herausforderung im Alltag liegt darin, den eigenen Auftrag mit wenig Personal und unter hohem Kostendruck mit Hilfe von Onlineservices und externen Providern so zu organisieren, dass die Services nahezu reibungslos funktionieren und die Selbstbedienung so einfach wie möglich wird. Das Bewusstsein und die Fähigkeiten der Kunden für das selbständige Suchen nach Informationen im Internet wächst. Die Entwicklungen der technischen Möglichkeiten, die uns über das Internet zur Verfügung stehen, ermöglichen der Unternehmensbibliothek, neue, digitale Konzepte für den Informationszugang zu gestalten. Informationen können zwar im Internet produziert und verbreitet werden, aber die Absender und Adressaten sind eigentlich immer noch die gleichen. Es wandeln sich lediglich die Kanäle und äußeren Bedingungen. Auch das Bedürfnis nach Strukturierung und Verlässlichkeit der Daten ist immer noch das Gleiche wie zu reinen „Print Only"-Zeiten.

Da nichts von selbst geschieht, wird es im digitalen Arbeitsumfeld umso wichtiger sein, sich Verbündete zu suchen, verstärkt aus der virtuellen Welt herauszutreten und Gesicht zu zeigen. Machen Sie durch die Qualität Ihrer digitalen Services und durch das Gelingen von Projekten Ihren Beitrag zum Unternehmenserfolg sichtbar.

9 Abkürzungsverzeichnis

Sie finden hier die Auflösungen für die im Text verwendeten Abkürzungen sowie im Einzelfall eine Übersetzung, die umgangssprachliche Nutzung oder eine kurze Erläuterung in Klammern. Einzelne Begriffe wurden im Buch unter der Marginalie „Definition“ näher erläutert. Wikipedia ist darüber hinaus eine gute Quelle, sich einen thematischen Überblick über die Begriffe selbst zu verschaffen. Neben der reinen Definition finden Sie dort auch weiterführende Links zu Webseiten und anderen wertvollen Internetquellen.

ABD	Archiv, Bibliothek, Dokumentationswesen (Sammelbegriff für diese Tätigkeitsbereiche)
ASpB	Arbeitsgemeinschaft der Spezialbibliotheken
BIB	Berufsverband Information Bibliothek e.V.
BID	Bibliothek & Information Deutschland (Dachverband)
CCC	Copyright Clearance Center, USA
CMS	Content-Management-System
COUNTER	Counting Online Usage of NeTworked Electronic Resources
DBV	Deutscher Bibliotheksverband e.V.
DGI	Deutsche Gesellschaft für Information und Wissen e.V.
DOI	Digital Object Identifier (ugs. Internetadresse für Objekte, bspw. Zeitschriftenartikel)
DRM	Digital Rights Management (Digitale Rechteverwaltung)
EBLIDA	European Bureau of Library, Information and Documentation Associations (bibliothekarischer Dachverband in Europa)
EZB	Elektronische Zeitschriftenbibliothek
FaMI	Fachangestelle(r) für Medien und Informationsdienste
FAQ	Frequently Asked Questions
FTE	Full-Time Equivalent (Vollzeitmitarbeiter)
HTML	Hypertext Markup Language (ugs. Programmiersprache für Webseiten)
IHK	Industrie und Handelskammer
IP-Adresse	Internetprotokoll-Adresse (ugs. Netzwerkadresse)
ISBN	International Standard Book Number
ISSN	International Standard Serial Number
IT	Informationstechnik, steht als Oberbegriff für EDV
IuD	Information und Dokumentation (Sammelbegriff)
KVK	Karlsruher Virtueller Katalog
OPAC	Online Public Access Catalogue (öffentlich zugänglicher Onlinekatalog)

OPL	One Person Library
PAID	Pharma Arbeitskreis Information & Dokumentation
PC	Personal Computer
PDF	Portable Document Format (entwickelt von Adobe Systems)
PDR	Pharma Documentation Ring
PR	Public Relations (Öffentlichkeitsarbeit)
QR-Code	Quick Response Code (entwickelt von Denso Wave)
RSS-Feeds	Real Simple Syndication (Standardformat für Webseitennews)
SDI	Selective Dissemination of Information (Alert-Dienste)
SLA	Special Library Association, USA
STM	Science, Technology, Medicine (Sammelbegriff für diese Wissenschaftsdisziplinen)
URL	Uniform Resource Locator (ugs. Internetadresse)
User-ID	User identifier (ugs. bestehend aus Username und Passwort)
VDB	Verein Deutscher Bibliothekare e.V.
VG-Wort	Verwertungsgesellschaft Wort
W-LAN	Wireless Local Area Network (drahtloses lokales Netzwerk)

10 Weiterführende Internetlinks

Die hier angegebenen Internetadressen sind teilweise im Text schon genannt und erläutert worden. Der letzte Abruf der Links geschah zum Zeitpunkt der Fertigstellung des Buches im April 2014. Da sich Internetadressen mitunter ändern können, verstehen sich diese Angaben bitte unter dem Vorbehalt der Selbstrecherche.

Berufsverbände und Interessensgruppen:

ASpB, Arbeitsgemeinschaft der Spezialbibliotheken, mit der Interessengemeinschaft für Unternehmensbibliotheken:
URL: http://aspb.de/
BIB, Berufsverband Information Bibliothek e.V., Kommission für One-Person Librarians:
URL: http://www.bib-info.de/kommissionen/kopl.html
BID, Bibliothek & Information Deutschland (Dachverband):
URL: http://www.bideutschland.de/
DBV, Deutscher Bibliotheksverband e.V.:
URL: http://www.bibliotheksverband.de/
Bibliotheksportal des DBV, Kompetenznetzwerk für Bibliotheken - knb:
URL: http://www.bibliotheksportal.de/index.php
DGI, Deutsche Gesellschaft für Information und Wissen e.V. sowie die regionalen Arbeitskreise:
URL: http://www.dgi-info.de/
EBLIDA, European Bureau of Library, Information and Documentation Associations (bibliothekarischer Dachverband in Europa):
URL: http://www.eblida.org/
PAID, Pharma Arbeitskreis Information & Dokumentation:
URL: http://www.paid.de/
PDR, Pharma Documentation Ring:
URL: http://www.p-d-r.com
SLA, Special Library Association, USA:
URL: http://www.sla.org/
VDB, Verein Deutscher Bibliothekare e.V.:
URL: http://www.vdb-online.org/

Bibliothekskataloge:

EZB – Elektronische Zeitschriftenbibliothek: eine der umfangreichsten, frei zugänglichen Datenbanken von elektronischen Zeitschriften in Deutschland, die von der Universitätsbibliothek Regensburg entwickelt wurde. Sie hat einen großen Nachweis von Open Access-Zeitschriften und zeigt die Zugänglichkeit von Volltexten mit Hilfe von Ampelfarben an:
URL: http://ezb.uni-regensburg.de/
KVK – Karlsruher Virtueller Katalog: Metasuchmaschine über die OPACs der großen Universalbibliothekskataloge. Hier findet man fast jedes Buch:
URL: http://www.ubka.uni-karlsruhe.de/kvk.html
ZDB – Zeitschriftendatenbank: zentraler OPAC für Sammelwerke, Fortsetzungen und Zeitschriften. Gute bibliographische Quelle, die ebenfalls Infos zu elektronischen Versionen enthält (u. a. wenn kostenfreie Volltexte angeboten werden):
URL: http://zdb-opac.de/

Fachzeitschriften und Newsletter (Auswahl):

B.I.T.-Online, Zeitschrift für Bibliothek, Information und Technologie, kostenpflichtiges Abonnement. Viele Informationen sind auf der Webseite teilweise frei zugänglich:
URL: http://www.b-i-t-online.de/index.php)
Heise online. IT-News, Nachrichten und Hintergründe, Trends zur Digitalisierung und Entwicklungen in der Informationsgesellschaft:
UTL: http://www.heise.de
Information Outlook. Zeitschrift der Special Library Association, USA:
URL: http://digitalio.sla.org/

Insights: the UKSG journal. (Mitglieder-)Zeitschrift der United Kingdom Serials Group, enthält Trends der Informationsbranche und des Verlagswesens mit Schwerpunkt Zeitschriften aus dem akademischen Bereich. Siehe auch unter dem bis 2011 geführten Titel „Serials: the Journal for the Serials Community", enthält teils kostenfreie Artikel:
URL: http://serials.uksg.org/content/122388

Knowledge Speak Newsletter. Schwerpunkt STM und Industrie sowie Verlagswesen und Trends in der Informationsbranche:
URL: http://www.knowledgespeak.com/

Library Essentials. Rezensionen zu ausgewählten Fachartikeln, kostenpflichtiges Abonnement, Newsletter ist frei:
URL: http://www.libess.de/

Password. Artikel und Branchennews, kostenpflichtiges Abonnement mit E-Mail-Pushdienst:
URL: (http://www.password-online.de/cms/

Research Information. Schwerpunkt Verlagswesen und Trends in der Informationsbranche, kostenfrei:
URL: http://www.researchinformation.info/

Darüber hinaus empfiehlt es sich, die Newsletter der Lieferanten und Verlage zu abonnieren, mit denen man zusammenarbeitet. Aber auch die Webseiten der Berufsverbände können Zugang zu ihren Mailinglisten oder weiterführende Informationen enthalten (bspw. ASpB, DGI, INETBIB... weitere Infos im Bibliotheksportal des DBV, unter dem Reiter Bibliotheken/Bibliothekarische Fachkommunikation).

Statistiken für elektronische Ressourcen:

COUNTER
URL: http://www.projectcounter.org

Urheberrecht und Copyright:

Gesetze im Internet, u. a. das Bundesdatenschutzgesetz, Gesetz über Urheberrechte und verwandte Schutzrechte (Urheberrechtsgesetz, UrhG):
URL: http://www.gesetze-im-internet.de

Copyright & Fair Use, Stanford University Libraries: mit Beispielen für „Copyright Cases" aus den USA, Schadensersatzforderungen und Urheberrechtsstreitigkeiten sowie Begriffserläuterungen rund um das Thema:
URL: http://fairuse.stanford.edu/

Creative Commons: Infos über die Lizenz und ihren Gebrauch:
URL: http://creativecommons.org

Göttinger Urheberrechtstagung:
URL: http://urheberrechtstagung.de

IUWIS – infrastruktur urheberrecht für wissenschaft und bildung:
URL: http://www.iuwis.de/

CCC – Copyright Clearance Center, USA: bietet Lizenzservices für Unternehmen und akademische Institutionen an:
URL: http://www.copyright.com/

EBLIDA (European Bureau of Library, Information and Documentation Associations) Position Papers, Themen zu Informationsrecht und -kultur:
URL: http://www.eblida.org/activities/position-papers.html

Rights Direct: Tochter des CCC in Europa. Kooperationen mit der VG-Wort:
URL: http://www.rightsdirect.com/

VG-Wort (Verwertungsgesellschaft Wort):
URL: http://www.vgwort.de/

VG-Wort Digital Copyright Lizenz, in Kooperation mit Rights Direct:
URL: http://www.rightsdirect.com/content/rd/en/toolbar/license_solution/VG_WORT_Copyright_License/VG_WORT_Copyright_Lizenz.html

Unternehmensregister online:

Unternehmensregister Deutschland: gilt nur für Kapitelgesellschaften, die in Deutschland Ihren Jahresabschluss veröffentlichen müssen.
URL: http://www.unternehmensregister.de (Letzter Zugriff 07.04.2014)

Unternehmensregister in den Mitgliedstaaten Europas:
URL: https://e-justice.europa.eu/ (Letzter Zugriff am 07.04.2014)

11 Sachwortregister

A

Acrobat Reader 65
Akademiker 94
Aktualität 87
Anbietersuche 43
Anbietervergleich 45
Anbieterwahl 43
Anforderungskatalog 38, 43
Angebot 44
Anschlusskonditionen 58
Ansichtslieferung 75
Ansprechpartner 28
Anwendungssoftware 21
Anwendungssystem 35
Arbeitsalltag 15
Arbeitsplatz 58
Arbeitsumgebung 27
Arbeitszeit 26
Arbeitszeitverteilung 37
Artikelkopie 32
Aufgabe 24, 70, 93
Aufmerksamkeit 6
Auftrag 4, 84
Ausbildung 95, 98
Ausleihdauer 79
Ausleihe 74
Ausschreibung 44
Außendienst 58
Auswahlmenü 86
Automatisierung 22, 76

B

Backup 86
Bedarf 73
Bekanntheitsgrad 12, 16
Benutzerfreundlichkeit 57, 72, 87, 90
Benutzeroberfläche 79
Benutzungshinweise 83
Berater 95
Beratung 24
Beratungsleistung 7
Berufsbezeichnung 93
Berufsbild 93
Berufsgruppe 5
Berufskollege 99
Beschaffung 95
Beschaffungsprozess 70
Besprechungsagenda 12
Bestandskatalog 77
Bestandsschutz 59
Bestelloberfläche 69
Bestellplattform 70
Bestellprozess 73
Bestellstatus 75
Bestellung 69
Betriebskultur 1
Beziehungsgeflecht 51
Bibliothek 25
Bibliothekskatalog 49, 83
Bibliothekssoftware 42
Bibliothekssystem 22, 62, 77
Bibliotheksteam 98
Big Data 21, 63
Brainstorming 38
Branche 1
Brotkrumennavigation 87
Buchbestellformular 89
Buchbestellung 69
Bucheinkaufsportal 73
Buchhaltung 9
Buchhandel 73
Buchhändler 42, 50, 65, 73
Buchmesse 50
Buchserie 53
Budget 9, 24, 41
Budgetplanung 68
Bundesdatenschutzgesetz 10
Büroraum 25

C

CD-ROM 54, 56
Compliance 9, 29, 46
Complianceregeln 80
Computerarbeit 21
Content-Management-System 84
Controlling 9
Copyright 16, 29
Copyrightinfo 89
Copyright-Richtlinie 33
Corporate Identity 16, 44, 79, 82, 84
COUNTER 51, 66
Coverbild 78
Creative Commons 31

D

Datenbank 35, 93
Datenschutz 46
Datenschutzbeauftragter 9
Datenübernahme 78
Datumsanzeige 87
Detailvertrag 45
Dienstleister 43
Dienstleistung 83
Dienstleistungsgedanke 5
Digitalisierung 21, 26
Digital Rights Management 57, 71
Diplomatie 33
Discovery Search 85
Display 81
Document-Delivery-Services 69
Dokumentenlieferdienst 69
Dokumentenlieferung 71
Doublettenkontrolle 74

E
E-Book 53
Einführungsveranstaltung 90
Einkauf 9, 43
Einkaufspreis 23
Einkaufsrichtlinie 60
Einkaufsworkflow 76
Einverständniserklärung 83
E-Journal 51
elektronische Bibliothek 48
E-Mail-Verteiler 16
End-User-Self-Service 70
Entscheidungsträger 4
E-Procurement 69
E-Procurement-Projekt 73
E-Ressource 48
Erfahrungsaustausch 99
Erfolgsgeschichte 5
Ergänzungslieferung 54
E-Rooms 33
E-Serial 53
Evaluation 40, 46
Evaluierung 7, 95
Experten 94
Expertise 5, 41
Exportfunktion 78

F
Fachbuchhändler 74
Fachinformation 4, 48
Fachinformationsquelle 22
Fachjargon 5
Fachjurist 60
FAQ 83
Federated Search 85
Feedback 11, 98
Feedbackformular 88
Feedbackmanagement 12
Fehlerdiagnose 64
Firewall 55, 82
Firmenlogo 55
Firmennetzwerk 48, 55
Flexibilisierung 42
Flexibilität 24
Flipchart 38
Flyer 15, 63, 89
Foto 83
FTE 57
Fürsprecher 5, 14, 85

G
Gebühren 72
Geduld 96
Geheimhaltungserklärung 46
geistiges Eigentum 29
Genehmigungsprozess 75
Genehmigungsstufe 9
Generalisten 94
Gerichtsstand 46
Geschäftsfelder 2
Geschäftsmodell 23
Gesprächsatmosphäre 14
gewerbliche Zwecke 30
Google 16, 26, 27, 63, 83
Grace-Periods 57
Grenzgänger 94
Gutscheinverfahren 56

H
Haftung 46
Handout 15
Helpdesk 9, 28, 57
Hemmschwelle 13
Hierarchie 1, 17, 26
Hilfestellung 83
Home-Office 48, 58
Homepage 80
HTML 52
Hybride Bibliothek 22

I
Icon 81
ideelle und ökonomische Rechte 29
IHK 99
Image 4, 15, 26, 93
Impact 97
Impressum 82
Information Professional 93
Informationsangebot 24
Informationsaustausch 21
Informationsbedarf 6
Informationsbedürfnis 83, 94
Informationskompetenz 23
Informationskultur 2
Informationsmanagement 7
Informationsmaterialien 15
Informationsqualität 27
Informationsquelle 6
Informationsüberflutung 95
Informationsvermittlungsstelle 93
Informationsversorgung 24
Informationswissenschaft 99
Informationszugang 25
Inhaltsverzeichnis 78, 86
Innovationsfreudigkeit 35
Inspiration 25
Interaktion 75
Interaktionsmöglichkeit 88
interkulturelle Zusammenarbeit 3
Internet 26, 69
Internetbrowser 65
Internetzugang 62
Intranet 28, 55, 80, 88
Inventarisierung 74
IP-Adresse 52, 55, 65
Ist-Zustand 36
IT-Abteilung 8, 35, 43, 65, 84
IT-Infrastruktur 8, 35
IT-Kompetenzen 95
IT-Projekt 35

J
Job-Rotation 4
Job-Titel-Generator 94

K
Katalogisierung 61
Katalogisierungsaufwand 77
Kennzahlen 25, 97
Kernaufgabe 6, 24, 75
Kick-Off-Meeting 37
Know-How 34, 41
Kommentarfunktion 84
Kommunikation 28, 33, 96
Kommunikationsabteilung 10, 84
Kommunikationskanal 17
Kompetenzen 93
Konditionen 23, 45
Konzern 2
Kooperation 13, 21, 35, 70, 77
Kopie 29, 30, 69
Kostendruck 24, 25
Kosten-Nutzen-Analyse 25, 36, 57
Kostenstruktur 23
Kreditkarte 52
Kunde 5, 27
Kundenarbeit 27
Kundenbindung 83
Kundennummer 55
Kundenreferenzliste 43
Kundenrezension 73
Kundenschulung 7, 11, 24, 96
Kundenstruktur 72
Kündigung 59
Kündigungsfrist 46, 59

L
Langzeitarchivierung 56
Layout 16, 54, 79, 84
Legal Entity 59
Leistungsbeschreibung 44
Leistungsspektrum 57
Lernerfahrung 37
Lessons Learned 41
Lieferantenauswahl 69, 74
Liefergebühr 72
Liefermethode 72
Lieferschwerpunkte 72
Lieferspektrum 72
Lieferstatistik 72
Lieferstatus 74
Lieferzeit 72
Life-Cycle 66
Linkchecker 83
Literaturangebot 7
Literaturbestellung 69
Literaturservice 7
Literatursuche 78
Literaturverwaltung 74, 77
Lizenz 23, 30
Lizenzmodell 56
Lizenzvertrag 50, 55, 56
Logistik 69
Loseblattsammlung 54

M
Management 68
Managementkunde 6
Managementstruktur 2
Manager 94
Marketing 89
Marketingmaßnahmen 90
Marktpräsenz 44
Marktprognosen 21
Matrix 2
Medientyp 79
Mehrwert 28
Mehrwertsteuer 23
Menü 86
Mindmap 86
Mission 83, 84
Mitarbeiter 3
Mitarbeiterentwicklung 99
Mitarbeiterführung 99
Motivation 43
Multiplikator 14
Mustervereinbarung 59

N
Navigation 87
Netzwerk 8
Netzwerkumgebung 35
Neuerscheinungsliste 75
Newsletter 15
Nutzungsrechte 29, 30, 58, 85
Nutzungsstatistik 55, 59, 88
Nutzungsverlauf 67

O
Öffentlichkeitsarbeit 10
Ökonomisches Prinzip 1
One-Time-Purchase 56
Onleihe 57
Onlinebestellung 22
Onlineformat 48
Online-ISBN 53
Online-ISSN 52
Onlinekatalog 61
Onlinepublikation 48
Online-Shop 74
Onlineversion 48
Onlinezugriff 52
OPAC 49, 62, 77, 85
Open Access 31
Organisationsstruktur 80
Outsourcing 41
Outsourcingpartner 46
Outsourcingprojekt 41, 69

P
Paketlösung 58

Parallelversion 51
Passwort 52
Patent 29
Pay-Per-View 56
PDF 52
Personalisierung 27
Personalverantwortung 95
Pflichtenheft 36, 38, 44
Planung 35
Platzierung 88
Portfolio 73
PR 10
Pragmatismus 24
Präsenzexemplar 25
Preisgestaltung 72
Preismodell 48, 56, 72
Preisverhandlung 50
Printabonnement 59
Printarchiv 25
Printausgabe 25
Prioritäten 39
Problemanalyse 65
Problemsituation 36
Professionalität 72
Profil 83
Projekt 35
Projektdokumentation 36
Projektlaufwerk 38
Projektmanagement 35, 99
Projektplan 37
Projektrahmen 36
Projektsponsoren 37
Projektunterstützung 37
Projektwebseiten 89
Projektzeitraum 35
Provider 28, 41
Publikation 29
Punch-Out-Kataloge 76

Q
QR-Code 90
Qualifikation 98
Qualitätskriterien 95
Qualitätsmanagement 99
Quereinsteiger 3, 61

R
Rahmenbedingung 28, 43
Rahmenvertrag 45
Rechnungswesen 9
Rechnungsworkflow 70
Recht auf Selbstbestimmung 83
Rechteeinräumung 31
Rechteinhaber 30, 71
Rechtsabteilung 9, 33, 60, 89
Rechtsberatung 33
Rechtsstreitigkeit 30
Recommender-System 27
Referenzkunden 44
Reproduktion 59
Ressourcen 37, 41
Rights Direct 30
Rolle 93
Rollout 40, 87
Routine 27
Rückgabe 75
Runder Tisch 11, 13, 67

S
Sammelrechnung 70
Schadensersatzforderung 30, 33
Schlüsselqualifikation 96
Schnittstelle 8, 28, 43, 76
Schnittstellenkompetenz 96
Schrifttype 81
Schulungsraum 26
Schwarmintelligenz 17
Selbstbedienung 26, 54, 89
Selbstmarketing 15
Serverausfall 86
Serviceabteilung 8
Service Level Agreement 45
Serviceorientierung 96
Serviceportal 80, 85
Signatur 74, 79
Smartphone 53, 81, 90
Social Media 17, 79
Solist 94
Soll-Ist-Vergleich 37
Soll-Zustand 36
Spezialbibliothek 93
Standardisierung 43
Standardlieferant 76
Standort 79
Standortlizenz 57
Standortnachweis 25
Startseite 81, 82
Statistik 66, 70
Stellenbeschreibung 99
Stichwortsuche 54, 85
Strategie 12, 17
Studium 98
Styleguide 84
Suchfunktion 23, 54, 85, 89
Suchmaschine 93

T
Tablet-PC 53, 81
Tag der offenen Tür 11, 14
Tätigkeiten 93
Template 84
Terms and Conditions 30
Terms of Use 30
Test 36, 50, 57
Testprotokoll 39
Text-Mining 21, 63, 66
Titel 61
Tradition 4
Trend-Mining 21

U
Umrechnungskurs 58
Universalbibliothek 49
Unternehmensbesitz 23
Unternehmenserfolg 7
Unternehmenskennzahlen 80
Unternehmenskultur 1, 2, 17
Unternehmensleitung 2, 4
Unternehmenslogo 84
Unternehmensnetzwerk 62, 64
Unternehmensregister 44
Unternehmensstrategie 28, 41
Unternehmensverwaltung 76
Unterschrift 46
Update 85, 87
Upgrade 41
Urheberrecht 29, 72, 99
URL 49, 52, 61, 89
User-ID 55, 76

V
Verhaltensregeln 95
Verhandlungserfolg 60
Verhandlungsgespräch 50, 56, 60
Verlag 29
Verlage 28
Verlagsangebot 57
Verlagsplattform 54, 57, 64
Verlagsrepräsentanten 60
Verlinkung 52
Vermittlerrolle 33
Vernetzung 80
Veröffentlichung 31
Vertragsdauer 46
Vertragsentwurf 44
Vertragslaufzeit 59
Vertrieb 58
Vervielfältigung 29
Verwertung 29
VG Wort 30
Volltext 49, 54
Volltextzugriff 63

W
Waren 76
Warenkorb 76
Web 2.0 17
Web-Applikation 81
Webauftritt 80
Webmaster 84
Webversion 22
Wertschöpfung 4
Wettbewerb 1
Wettbewerbsvorteil 21
Widerrufsrecht 73
Wiki 17
Wikipedia 26, 54, 83
Wirksamkeit 97
Wirtschaftlichkeit 95
Wissensarbeit 25
Wissensmanagement 7, 93
W-LAN 26
Workshop 37

Z
Zahlungsbereitschaft 27
Zeitschriftenagentur 42
Zielerreichung 41
Zielerreichungsgespräche 99
Zielgruppe 5, 16
Zielsetzung 38, 41
Zielvorgabe 2
Zugang 22
Zugangsbedingung 48
Zugangsberechtigung 56
Zugangsplattformen 28
Zugriffsbedingungen 95
Zugriffskonditionen 56
Zugriffsrecht 71

Über die Autorin

Elgin Helen Jakisch ist Dipl. Bibliothekarin und hat von 1992 bis 1998 an der Freien Universität Berlin und an der Fachhochschule Potsdam studiert. Sie hat eine über 15jährige Berufserfahrung in Unternehmen, u. a. im Bauingenieurwesen und in der Pharmaindustrie. Dabei hat sie Konzepte für das Management von elektronischen Informationsquellen entwickelt und virtuelle Bibliothekservices aufgebaut. Sie lebt in Berlin und arbeitet freiberuflich für verschiedene Projekte. Sie ist seit Mai 2014 im Vorstand der Deutschen Gesellschaft für Information und Wissen e.V. (DGI).

Kontakt: jakisch@ub-interim.de

Printed and bound by CPI Group (UK) Ltd, Croydon, CR0 4YY
30/09/2026
14973053-0001